La s~~er~~
Giovann

CW01512820

Oscar narrativa

Piero
Chiara
**Una spina
nel cuore**

Arnoldo
Mondadori
Editore

© 1979 Arnoldo Mondadori Editore S.p.A., Milano
I edizione SIS settembre 1979
I edizione Oscar narrativa marzo 1981
V ristampa Oscar narrativa giugno 1991

Una spina nel cuore

Repentina caligine i begli occhi
Offusca e chiude in grave sonno eterno,
Perde il chiaro del giorno, e da la luce
De la vita serena
Irreparabilmente
Scende all'ombre di Stige, ombra dolente.
Giovan Battista Marino

I

Un mattino di primavera del 1933, dopo essermi fermato alcuni giorni a Venezia e a Milano nel viaggio di ritorno da certe strane località oltre Isonzo dov'ero stato per quasi un anno, rimisi piede al mio paese. A Venezia, dove pensavo di non tornare più per il resto dei miei giorni tanto mi lasciavo volentieri alle spalle quei luoghi, avevo passato quasi una settimana, deciso a vedere tutta la città una volta per sempre. A Milano invece ero rimasto quarantott'ore, il tempo per portare a termine una ricerca alla quale attribuivo una certa importanza nei miei futuri destini. Se avessi rintracciato la contessa Bettina Nazzari di Costapiana, madre del conte Pier Cesare, mio principale quando lavoravo come fotografo a Milano, avrei potuto avere l'indirizzo del di lei figlio, finito in miseria e fallito anche come fotografo, al punto da trovarsi costretto ad andarsene in Brasile o in Argentina per sfuggire ai creditori.

Nei miei progetti per l'avvenire vi era infatti anche il disegno di raggiungere in America del Sud il Nazzari, che prima di andarsene mi aveva fatto balenare delle montagne di pesetas e cruzeiros sui quali era sicuro di mettere le mani. Ma per arrivare a così gran balzo mi occorreva sapere dove il conte aveva posto radici e se fosse avviato davvero alla ricchezza. Con le conoscenze che aveva e col suo tratto da gran signore, in quei paesi gli era certo riuscito d'introdursi nelle alte sfere e forse stava già cavando denaro da quelle piantagioni di caffè a perdita d'occhio delle quali parlava con tanta sicurezza.

Sua madre, una vecchietta di ottant'anni anche lei in miseria, dipingeva dei quadretti di pochi centimetri, marine e vedute di montagna, che firmava "Artax" per non infamare il suo nobile casato. A un angolo di piazza Cordusio o sotto il passaggio di piazza Mercanti, disponeva i suoi quadretti per terra o sulle basi delle colonne, poi se ne stava in disparte, con un cappelluccio a turbante in testa, i mezzi guanti di lana e un cappottino dal collo di pelo mangiato dalle tarme, ad aspettare i clienti come un pescatore che sorvegli la sua lenza.

Mi aggirai per la piazza Mercanti, guardai sotto il passaggio della via Orefici, sul Cordusio e all'imbocco di corso Garibaldi, ma ai soliti posti non la trovai.

In via Anfiteatro, dove l'anno prima aveva una stanza in fondo al cortile d'un negoziante di vini piemontesi, seppi che era morta ai primi freddi di dicembre senza avere avuto alcuna notizia del figlio. Segno, conclusi, che le Americhe non erano il mio destino, e che non mi andava bene andar lontano, come altre volte avevo fatto, a tentar mestieri, sempre con lo stesso risultato: tornavo dopo pochi mesi, convinto d'aver sbagliato strada e senza rendermi conto che se nessun posto mi andava bene, era perché non andavo bene per nessun posto.

Rientrando in casa mia, posai la valigia appena dentro la porta e andai subito al Metropole per farmi riprendere in forza nel gruppo dei suoi frequentatori. C'era, intorno al bigliardo e ai tavolini di quel locale, la gente più avventurosa e spendereccia del paese, fannulloni la gran parte, ma anche esercenti, impiegati, professionisti, piccoli industriali, possidenti, fra i quali spiccavano dei veri filibustieri, tornati all'ovile dopo aver fatto denaro o riportato condanne in varie parti del mondo.

Al Metropole, più che a casa mia, contavo di vivere e di passare il mio tempo, giocando, chiacchierando, prendendo in giro quelli che sgobbavano negli uffici o nei laboratori e aspettando che la fortuna venisse a cercarmi. Non era forse capitato al Cermesoni, l'estate precedente, mentre sedeva a un tavolino fuori dal Metropole, di venir notato da una gran signora ungherese di passaggio? La signora, che era vedova, si era portato dietro il Cermesoni e lo aveva fatto, a dir poco, amministratore delle sue aziende agricole.

A me poteva bastare anche meno, perché mi contentavo di vivere dov'ero nato, senza tribolare in terre lontane e piegar la schiena sotto duri padroni. Stando a quei tavolini, un giorno o l'altro mi sarebbe per certo caduto addosso qualche canonicato: un posticino in Municipio, per esempio, con l'obbligo di aggiornare un registro nel quale si dovesse scrivere solo un paio di volte la settimana, oppure l'incarico di tenere aperto lo studio di qualche avvocato di città che aveva recapito al paese. Solo "tener aperto", per dire a chi si presentava di tornare quando ci sarebbe stato l'avvocato, per ricevere la posta e le notifiche degli atti giudiziari della Pretura e dell'Ufficio di Conciliazione. Questi erano lavori per me. Tutt'al più qualche rappresentanza, o meglio deposito con magazzino, come l'Òndoli, che aveva l'appalto dei generi di monopolio e doveva solo consegnare i rifornimenti di sale, sigari, sigarette e fiammiferi una volta la settimana ai tabaccai del mandamento che si presentavano alla sua porta in coda e col cappello in mano.

Il Metropole divenne il mio recapito, o come diceva mio padre con amarezza, il mio ufficio. Vi passavo la giornata, la sera e buona parte della notte, per giocare, che è sempre un modo di vivere, per sentirmi in qualche modo considerato, per non star solo, per parlare con qualcuno dei posti dov'ero stato e delle esperienze che avevo fatto. Ma anche per un'altra ragione, nascosta dentro i meandri del mio assetto sentimentale: stavo al caffè come a un posto di lavoro, ostinatamente e quasi come in un luogo franco, per non affrontare mattinate o interi pomeriggi con Caterina, sebbene fossi tornato proprio per lei.

Nel corso della mia ultima assenza, all'insopportazione per la vita d'impiegato che credevo d'aver scelto, si era aggiunto un vero e proprio tormento amoroso: non mi riusciva di star lontano da Caterina. L'immagine del suo volto mi aveva seguito come un rimorso. Me la vedevo continuamente davanti agli occhi, a figura intera e a mezzo busto e specialmente in primo piano, quando in preda ai ricordi ne inquadravo con la fantasia la fronte, candida tra la banda nera dei capelli e gli archi altrettanto neri delle sopracciglia, fino agli occhi grigi e verdemare, volti in basso per pudore oppure girati di un quarto, non per guardare, ma per disperdere nelle lontananze un segreto pensiero. Qualche capello, alle tempie, si staccava dal suo capo e si muoveva alla brezza.

È il suo ritratto, già delineato, se appena riuscissi, con un leggero tocco, a mettere in quegli occhi, o meglio nell'aggrottarsi appena accennato delle sopracciglia, una dolce e materna severità, di donna più che di fanciulla.

Chi vede poco da lontano, vede minuziosamente da vicino. Fin da ragazzo, usando come un microscopio il mio occhio destro, che è sempre stato più miope del sinistro, studiavo le mosche o le venature del legno sul piano del banco di scuola. Stando con lei, l'estate prima della mia partenza, sdraiato su di un greppo erboso, sotto una pianta o al riparo d'un cespuglio, nascondevo gli occhiali in tasca e la guardavo da vicino, nella grana finissima della pelle, nel pigmento bruno e opaco delle palpebre, nelle iridi degli occhi tempestate di pagliuzze luminose. La guardavo tanto da vicino che mi pareva di sentire il calore leggero del suo viso, come un alone di vita. I boschi, gli sfondi della sua valle e le vedute lacustri intorno al mio paese mi apparivano, alle sue spalle, in una prospettiva sfumata e imprecisa, senza alcun dettaglio, come quando si sogna o si ricostruisce un paesaggio nella memoria.

Gli altri, certo, la vedevano meglio nell'insieme, quando camminava per le strade, benché mi fossi accorto anch'io che era piuttosto alta e asciutta di membra. Invecchiando, se la sua sorte era quella d'invecchiare, poteva diventare ossuta, come si dice di persone un po' troppo impalcate, ma a vent'anni era un morbido e flessuoso stelo di donna.

I luoghi delle sue apparizioni erano sempre stati l'incrocio di qualche strada di campagna, lo svolto d'un sentiero o i margini di qualche bosco. Ma dopo il mio ritorno lo scenario dei nostri incontri fu il salottino di un'amica che si era fatta al mio paese, la signorina Teresita, presso la quale passava talvolta la notte dopo essere stata con me in altri rifugi momentanei: la barca d'un mio amico, e certe sere una carrozza di prima classe della ferrotramvia delle valli, ricoverata per la notte in un oscuro deposito.

Tornato a casa, avrei dovuto correre di nuovo a quei convegni. Invece passavo le giornate con le carte in mano o impegnato in lunghe partite di bigliardo. Al sabato e alla domenica andavo a far camminate sui monti dell'altra sponda del lago, da solo. Tornare con lei nei vecchi nascondigli, mi pareva un'inutile ripetizione di gesti ormai senza senso.

La nuova temperatura dei miei sentimenti, assai vicina al freddo per non dire al gelo, mi aveva indotto assai presto a intanarmi anche dopo cena al Metropole, dove il gioco durava oltre la mezzanotte e qualche volta fino al mattino.

Il Metropole, che era un vecchio albergo di stile Liberty rimodernato nel dopoguerra, aveva una decina di stanze con acqua corrente ma senza bagno, quasi sempre vuote. Il pianterreno era occupato dal ristorante con terrazza sul lago e dal bar, che era il cuore del locale, perché la vita, la poca vita del paese, vi pulsava tutto l'anno intorno al bigliardo e ai quattro tavoli sempre occupati dai giocatori di poker e ramino. Di fianco al bancone del bar sorgeva, simile a un pulpito, la cassa, alla quale sedeva la maestosa moglie dello Sberzi, uno sfrontato ex cameriere di Lurate Caccivio, diventato padrone d'albergo a forza d'imbrogli e di ruffianerie.

Nulla di meglio pensai, dopo aver rinunciato al salottino dell'amica compiacente e agli scomodi sedili del tramvai, che mandare a dormire Caterina in una stanza del Metropole, verso le dieci di sera, per poi raggiungerla dopo la partita.

Cosa ne pensasse lei, non me lo domandai neppure. Varcare la soglia del Metropole, comparire senza il più piccolo bagaglio davanti a quella sfinge che era la signora Sberzi, chiederle una cámera cercando di appiattirsi contro il pulpito della cassa per non venir studiata troppo dai giocatori, infilare la scala e mettersi a letto con gli occhi al soffitto a contare le mezz'ore in attesa che io bussassi, non doveva sembrarle facile, anche se avevo provveduto a rassicurarla: alle dieci in punto la signora Sberzi abbandonava la cassa e andava a dormire. Se lei fosse entrata al Metropole alle dieci e un quarto, lo Sberzi, già prevenuto da me, al suo apparire si sarebbe alzato dal tavolo dove giocava coi clienti e l'avrebbe accompagnata al numero nove senza dar tempo a nessuno di guardarla. Alla mattina, fino alle undici nel bar non c'era gente e avrebbe potuto uscire quasi inosservata.

In compenso di quel po' di faccia tosta che le chiedevo, Caterina avrebbe avuto la notte, una lunga notte, fino alle nove e anche alle dieci o alle undici del mattino, da passare con me. Qualche ora di sonno non poteva contare, perché dormire vicini, magari col suo capo sulla mia spalla, era sempre stare insieme.

Quando le esposi il mio piano Caterina non fece obbiezioni. Disse soltanto che nei due giorni della settimana da me scelti per i suoi pernottamenti al Metropole non si sarebbe neppure fatta vedere dall'amica, perché non voleva farle sapere d'aver trovato un simile accomodamento. Un'altra amica più anziana, che aveva in un paese vicino al suo e con la quale era in maggior confidenza, si sarebbe prestata a coprirla davanti ai suoi, facendo finta di tenerla a cena e a dormire per quelle due notti, mentre invece a una certa ora un motociclista suo compaesano e amico, l'Arturo Tibiletti, l'avrebbe presa sul suo sellino per portarla, in un volo, fino alla soglia dell'albergo o poco lungi.

La trovata del Metropole, così comoda, aveva dunque un prezzo anche per me: quel viaggio notturno di Caterina con un braccio e magari tutti e due intorno alla vita del centauro Tibiletti, un giovane spericolato che si era distinto in alcune corse motociclistiche diventando il divo della sua valle.

Il Tibiletti in verità era un mostro. Durante una gara aveva strisciato per trenta o quaranta metri contro un muro riportando lo scuoiamento della metà destra del capo, sul quale si era rifatta, col tempo, una cotica rugosa, a chiazze brune e rossicce. Contro quel muro gli si era macinato anche l'orecchio destro, che ridotto al solo lobo, non era più che uno strano pendaglio. Un'ultima caduta gli aveva causato lo sfondamento dello zigomo sinistro, rendendogli asimmetrica la faccia. La frattura d'una tibia infine, gli aveva accorciato d'un paio di centimetri la gamba destra.

Indifferente a simili mutilazioni, non cercava minimamente di occultarle, anzi le ostentava come segni del suo sprezzo del pericolo, opponendovi a contrasto un vigore del corpo che avrebbe dovuto indirizzarlo, fin da ragazzo, più al pugilato che al motociclismo.

Chi lo incontrava per le strade delle valli ingobbito sulla sua Galloni rossa, poteva scambiarlo per un diavolo dell'inferno. Si trattava invece di un buon giovane di poco più di vent'anni, sempre pronto a correre dove lo chiamavano per qualche incombenza e in particolare per portare messaggi urgenti, medicine o altre cose divenute improvvisamente necessarie a qualcuno. Figlio di un macellaio, aiutava il padre correndo con la moto a consegnare ogni mattina la carne alle osterie, che portava insaccata in un grembiulone bianco stretto alla cintola, del quale teneva tra i denti le cocche, come un cane da riporto. Ma la mansione della quale andava fiero era quella del corriere espresso delle valli, disposto giorno e notte a volare anche in capo al mondo con un plico nella camicia o con un involto assicurato al sellino posteriore.

Sul suo viso, orribile a vedersi, splendevano, se così si può dire, due occhi d'acciaio schermati dal taglio orizzontale delle palpebre, che li lasciavano intravvedere al centro di due fessure aperte solo il minimo necessario a squadrare chi gli stava di fronte o a scrutare la strada, quando sfrecciava come un dardo tra la Valcuvia e la Valtravaglia.

A lui si era dunque rivolta Caterina per raggiungermi nelle sere prestabilite. Un viaggio di soli venti minuti o poco più. Ma a che ora si sarebbe fatta prelevare? Mi apparvero di colpo alla mente quelle costruzioni di foggia un po' cinese, alle fermate della tramvia, che sorgevano isolate come tabernacoli lungo la strada, a lato del binario, per il comodo dei viaggiatori in attesa, mobiliate solo d'una panca di legno infissa nel muro, ma quanto utilizzabile per un Tibiletti. In quel buio, anche una faccia come la sua poteva diventare accettabile. E per il resto, non aveva forse una figura d'atleta?

Sentivo oscuramente, o ne avevo già avuto indizio, che dovevano esistere delle donne, all'apparenza incontaminate e sottomesse all'amore solo quel tanto che occorre per diventare madri, le quali in un momento della loro vita, per opera di miscele ereditarie divenute esplosive, potevano affondare nel baratro della lussuria. Non coi fidanzati o coi mariti, ignari di tanto fuoco, bensì con il più imprevedibile complice e nel segreto di un rapporto destinato talvolta a restare per sempre nell'ombra. Ma il valore di Caterina consisteva, più che nella bellezza, in una sua naturale innocenza, usbergo sicuro contro l'onta di simili cadute.

II

Il pensiero delle carte, che in quelle serate mi erano favorevoli come non mai, mi servì a disperdere le ombre che cominciavano a circondarmi mentre si avvicinava il mercoledì destinato a segnare l'entrata in funzione della camera numero nove. Nove! Neanche a farlo apposta, il numero glorioso che dava solo la vincita o il pareggio ma mai la perdita allo *chemin de fer*, il gran gioco d'azzardo chiamato nei nostri paesi *scià e là*, perché pare consistere, nella sua terribile semplicità, nel gesto delicato del banchiere, quando premendo sul mazzo con la punta delle dita fa scivolare una carta a destra e una a sinistra.

La sera del mercoledì ero al tavolo di gioco, voltando le spalle alla finestra, in modo da avere sott'occhio l'ingresso.

Poco dopo le dieci vidi che la porta si apriva lentamente, sotto la spinta incerta di qualcuno che entrava forse per la prima volta al Metropole. Caterina, col viso voltato verso il bigliardo in penombra, comparve e subito raggiunse la cassa senza che nessuno si accorgesse di lei. Diedi di gomito al proprietario che mi sedeva di fianco. Lo Sberzi si alzò e senza far sostare Caterina la diresse verso la scala.

Tornò dopo alcuni minuti e con uno sguardo mi rassicurò.

« Il fieno è in cascina » disse sedendo al suo posto e posando una mano sul mucchietto dei suoi soldi.

Voleva dire, per gli altri, che essendo in vincita, aveva quanto bastava per tener testa a qualunque banco. Per me invece, che la mia preda era al sicuro.

Se pensavo, anche con le carte in mano e l'orecchio teso ad ascoltare le parole del gioco, che l'anno prima, quando l'avevo conosciuta, Caterina mi aveva fatto attendere sei mesi prima di concedermi un incontro, mi rendevo conto di aver rovesciato la situazione. Ora veniva lei a cercarmi, a costo di tanta umiliazione. Era al numero nove, che si spogliava lentamente, rassegnata ad aspettarmi anche fino al mattino.

Salii che era quasi l'una di notte e trovai, come immaginavo, la porta chiusa. Le avevo raccomandato di aprire solo quando avesse sentito la mia voce, perché conoscevo le abitudini dello Sberzi, il luridone di Lurate Caccivio, che quando aveva in albergo una donna sola andava sempre a bussare alla porta con una bottiglia d'acqua minerale in mano. Appena entrato vidi infatti una bottiglia d'acqua di Bognanco sul cassettone e ricordai che lo Sberzi si era assentato dal tavolo di gioco un paio di volte.

« Ti ha portato l'acqua? » chiesi.

« Sì » rispose. « Grazie di avermela mandata. »

Caterina stava seduta nel letto, con le spalle appoggiate al cuscino che aveva raddrizzato contro la testata. Indossava una camicia da notte azzurra e aveva i capelli ben pettinati, non più con la crocchia come quando l'avevo conosciuta, ma tagliati alla *garçonne*, cioè all'altezza delle tempie e con la sfumatura sulla nuca.

« Non te l'ho mandata io l'acqua » dissi. « È una astuzia del proprietario, quella di bussare alla camera delle donne con la scusa dell'acqua. Qualche volta gli va bene. »

Caterina sorrise vagamente, ma subito s'incupì. Aveva sentito il rombo crescente d'una motocicletta, che passò e ripassò sulla strada davanti all'albergo per poi allontanarsi verso le valli.

« Il Tibiletti » dissi guardandola.

« Sì » rispose « dev'essere proprio lui. »

Negli incontri in campagna, nel salottino dell'amica o sulle carrozze tramviarie nella rimessa, tutto era sempre avvenuto tra di noi senza che ci scoprissimo più dell'indispensabile. Ma quella notte, al buio e sotto le coperte, potei finalmente esplorare il suo corpo. Caterina non poneva limiti a quell'esame, che certo si aspettava, ma in qualche modo faceva capire d'esserne turbata. Il suo seno, la sua schiena, il suo ventre, come stupiti o spaventati, parevano immobilizzarsi al contatto con le mie mani. Perfino il calore naturale del suo corpo si ritirava dalle zone che venivano interessate dalla mia ricognizione. Apprezzavo per la prima volta la consistenza della sua carne e la trama della sua pelle, che mi pareva, nel buio, di un'estensione infinita. Che al sommo di quella specie di continente mai interamente esplorato ci fosse un viso, con degli occhi che potevano vedere, una bocca che poteva parlare, che avrebbe parlato, era inconcepibile e in qualche modo terrificante. Capii

21

che neppure in una notte lunga come la vita sarei arrivato a ottenere dal suo corpo tutti gli effetti che ne potevano scaturire. Mi sentivo come un modesto suonatore in possesso di un violino straordinario e mi domandavo come potesse, lo Sberzi, con una semplice bottiglia d'acqua minerale, affrontare il mistero di tante donne, di tanti corpi, di tante voci e sguardi, tra le pareti del suo albergo, fra le undici e mezzanotte, quando sua moglie, stanca d'una intera giornata alla cassa, era immersa nel primo sonno.

A un certo punto della notte mi addormentai, per stanchezza, ma anche perché il mio pensiero a forza di turbinare intorno alle qualità di Caterina si era rarefatto tanto da farmi trapassare al sonno e quindi a un sogno, nel quale, stando inerte come Adamo nell'affresco della Cappella Sistina, mi si avvicinava non il Padreterno col dito teso, ma un angelo, che dopo aver preso in una mano le mie parti più esposte, le premeva come fa il medico con la peretta dell'apparecchio per misurare la pressione. A ogni strizzata mi gonfiavo un poco di più e pian piano cominciavo a salire in aria, agitando mollemente le braccia al pari d'un gabbiano. La sensazione di imponderabilità divenne così struggente che mi svegliai.

Caterina, che non aveva ancora preso sonno, mi teneva nella stretta della sua mano. Credendomi addormentato, stringeva prudentemente, ora più ora meno. Quando si accorse che ero sveglio allentò le dita e ritirò la mano, che strisciò come morta sul mio ventre prima di tornare al suo.

La mia stupefazione era al colmo e mi chiedevo come avesse potuto osare un gesto simile. Cresciuta in un paesello e in un ambiente contadino, era timida, nemica d'ogni espansione, scarsa di parole e piena di pudore in ogni suo atto. Forse anche Eva aveva compiuto la stessa azione, di possesso o di semplice verifica, appena Adamo si era lasciato vincere dal sonno.

Fuori imperava la notte e l'aria era così ferma che non si udiva neppure lo sciacquìo tenue e intermesso delle onde sulla riva. In quel silenzio, dapprima confuso poi sempre più netto, si udì il rombo d'un motore che andò crescendo rapidamente, finché irruppe nella piazza.

Caterina, appena svanito il fragore, parlò. Il Tibiletti, disse, l'amava in silenzio da due anni. Non aveva mai osato proporle il suo amore e gli bastava servirla, proteggerla, seguirla a ogni passo. Sapeva tutto di lei: la storia del suo primo errore e ora quella del suo vero amore. Sapeva, e ciò nonostante si prestava a portarla in giro. Ma soffriva acerbamente al pensiero che fosse ritirata con qualcuno in una stanza, dentro una casa del lungolago che non sapeva individuare o che aveva individuato benissimo. Accelerando e strapazzando la notte con l'urlo del suo motore voleva ricordarle la passione che lo divorava, perché ne tenesse conto sulla bilancia della sua felicità.

Sperai, dopo quelle parole, che il Tibiletti passasse un'altra volta, tanto il suo rumoreggiare mi pareva ormai nient'altro che una musica d'accompagnamento al mio trionfo. Ma non passò più.

Venne invece, non so quanto tempo dopo, l'aurora a imbiancare il rettangolo della finestra, poi l'alba d'un bel colore di rosa e infine il sole. Mi alzai, scostai la tendina e vidi il lago, liscio e immobile fino alla punta del Lavello. Guardai verso la piazza e mi cadde l'occhio sull'unico monumento del mio paese, un Garibaldi di pietra, ritto sul suo piedistallo in mezzo a un giardinetto arborato, coi pantaloni molli, la camicia rimborsata e l'aria un po' intontita e sospettosa d'uno che esca, mal rassettato, dai cespugli dentro i quali ha lasciato un ignobile segno di sé. Proprio dove sorge il monumento, nell'agosto del 1848 Garibaldi aveva impegnato un combattimento contro gli austriaci, con alcuni morti e feriti per parte. Luogo predestinato alle battaglie, pensai, anche se le mie erano solo quelle del poker e della camera numero nove.

Non si vedeva un passante, e anche la prospettiva del viale appariva libera d'ogni presenza umana. Era un giorno di fine settembre, alle otto di mattina. Le foglie dei platani, arrossate e lucide, tremavano alla brezza e un velo di nebbia si staccava dalla superficie del lago.

Caterina finalmente dormiva, col capo reclinato sulla spalla. Sul cassettone, usciva dall'ombra la bottiglia dell'acqua minerale, ancora intatta. Se lo Sberzi la sera prima avesse avuto anche un minimo di successo, pensai, la bottiglia non sarebbe rimasta in camera: il volpone se la sarebbe riportata via per non lasciar traccia del suo passaggio.

Alle dieci, vedendo che Caterina continuava nel suo sonno, scesi nel bar. Il bigliardo era deserto. Ai tavolini sedeva un anziano cliente col giornale spiegato davanti e il "bianchino" nel bicchiere a calice. Lo Sberzi era in cucina e alla cassa non c'era nessuno. Il sole, che batteva sulla facciata del Metropole, entrava dalle grandi finestre del bar e faceva risplendere tutto ciò che toccava. La radio, posata sopra una mensola vicino al soffitto, trasmetteva una canzone d'amore che aveva imperversato quell'anno.

In fondo al corridoio che dal bar andava al salone del ristorante e alla terrazza, si vedeva il gran vuoto abbagliante del lago. Un paio dei giocatori della sera prima e di tutte le sere sostavano fuori dall'ingresso, nel sole, pigramente, a smaltire la malanotte.

Caterina scese una mezz'ora dopo, con al braccio la borsa dentro la quale teneva la camicia da notte. La feci uscire di lato, verso il giardino, e la lasciai andare da sola alla stazione, quattro passi distante, dove il tram era già in partenza per la seconda corsa verso le valli.

Due giorni dopo tornò, sempre portata dal Tibiletti con la Galloni all'ora convenuta. Lo Sberzi non l'accompagnò più in camera, né salì a portarle l'acqua minerale. Le mise in mano la chiave del numero nove e tornò al tavolo da gioco.

Appena passata la mezzanotte la raggiunsi in camera. Come la prima volta, era in camicia da notte, non più azzurra ma rosa, appoggiata con la schiena alla testata del letto.

« Non dormi? » le domandai.

« No » rispose. « Penso. »

Non dormiva, aspettandomi, ma rievocava, come mi spiegò, cioè riandava col pensiero alla nostra storia, dal giorno che ci eravamo conosciuti fino al momento che le era presente, in quella camera d'albergo, come uno che rilegga continuamente il medesimo libro, sempre più attentamente e senza mai liberarsi dal timore che qualche cosa di essenziale gli possa sfuggire.

III

Avevo rievocato anch'io la nostra storia più di una volta, episodio per episodio.

Il nostro primo incontro era avvenuto nell'atrio della stazione, dove lei stava seduta un pomeriggio in attesa del tram.

Era sola e aveva alzato gli occhi a guardarmi mentre le stavo davanti intento, apparentemente, a studiare il tabellone degli orari. Dentro lo sportello della biglietteria avevo notato l'Orlando, un giovane impiegato che passava per un gran conquistatore di donne, seduto al tavolo del capostazione con la Gazzetta dello Sport in mano. Possibile, mi ero chiesto, che l'Orlando non si fosse accorto d'una ragazza sola in sala d'aspetto?

Non ricordo più come riuscii a legare un discorso con Caterina, ma dopo poche frasi, saputo dov'era diretta, andai allo sportello e chiesi un biglietto per il suo paese. L'Orlando me lo gettò sul piano di legno con un sorriso di compatimento.

Un momento dopo partivo, seduto di fronte alla ragazza, che quando il tram si mosse mi disse di chiamarsi Caterina. Era venuta al mio paese a ritirare un documento e fra un tram e l'altro, per ingannare l'attesa, aveva fatto una passeggiata sul lungolago, fino oltre l'abitato, con l'Orlando.

Le domandai come lo avesse conosciuto.

« È il bigliettario » rispose. « L'ho conosciuto allo sportello. Tra una corsa e l'altra non ha mai niente da fare e si annoia. »

Peccato, pensai, che una ragazza simile, di campagna, mai uscita dal guscio, fosse già nota a un essere come l'Orlando, che a sentirlo, non aveva mai fallito un colpo. Ma forse, mi confortai, ero arrivato in tempo. Giovane e ingenua, Caterina senza di me sarebbe caduta di certo nella sua rete: un niente, per lui che aveva avuto tante donne, ma una vera catastrofe naturale a mio parere, perché un fiore così intatto e ignorato non doveva finire nelle mani di un tipo volgare come l'Orlando, benché prestante, odoroso di brillantina e con l'occhio vellutato alla Rodolfo Valentino. Ero pronto io, a offrirmi, con tutto il capitale dei miei sentimenti mai messi in opera, o solo parzialmente.

Ci doveva essere una predestinazione, perché quel pomeriggio Caterina accettò di scendere una fermata prima del suo paese per restare più a lungo con me. Era novembre, le giornate erano corte e il freddo quello dei Morti, umido e ogni giorno più intenso.

Alle sei di sera, dopo aver portato in giro per tre ore la nostra meraviglia d'esserci conosciuti, sedemmo vicini, davanti alla chiesetta di Sant'Anna. Era già buio e il cielo appariva pieno di stelle come a mezzanotte. La chiesetta, abbandonata e senza più culto, sorgeva e sorge ancora poco discosta dal suo paese e non lontano dal cimitero, in mezzo a un prato chiuso da grosse lastre di pietra viva. Intorno ha un gruppo di noci che d'estate la nascondono quasi completamente, lasciando occhieggiare solo qualche parte della facciata e del suo intonaco scrostato e fiorito di salnitro.

Quasi per mettere termine al nostro lungo vagare fuori dagli abitati, Caterina vi si diresse e andò a sedersi sullo scalino di accesso. Le sedetti accanto, appoggiando le spalle alla porta chiusa. Tra i rami spogli dei noci brillavano le stelle e tutt'intorno la campagna era scura e fredda. La sentivo vicina senza vederla bene, ma distinguevo vagamente i contorni del suo viso e anche gli occhi, che prendevano luce a tratti da qualche lontana lampadina.

Le avevo parlato tutto il pomeriggio di me, delle mie ubbìe giovanili, dei miei progetti per l'avvenire e soprattutto della mia passione per la lettura, accorgendomi che avevamo letto suppergiù gli stessi libri e con le stesse emozioni. Eravamo uguali di gusti, con le medesime malinconie e un non diverso inspiegabile desiderio, e addirittura spasimo, di riversare sensazioni e pensieri in qualche animo fraterno. Era quindi naturale che stabilissimo d'incontrarci nuovamente al più presto, cioè la domenica veniente e proprio davanti alla stessa chiesetta.

Sulla provinciale passò il tram. Dopo mezz'ora sarebbe ripassato per l'ultima corsa di ritorno.

« Bisogna andare » disse Caterina.

Vedendola immobile come se aspettasse da me un gesto, le misi una mano sulla spalla. A quel contatto si voltò verso di me. Credendola ben disposta, mi avvicinai al suo viso, ma lei lo chinò decisamente sul petto. Le sfiorai con le labbra il capo e la massa compatta e lucida dei capelli. In quel momento un doppio fascio di luce ci illuminò per un istante. Sulla carrozzabile che tagliando traversalmente la valle passa a cinquanta metri dalla chiesetta di Sant'Anna, transitava un'automobile.

« È il dottor Trigona » disse Caterina « che va da mia zia a farle l'iniezione. »

Si alzò e mi precedette fino al viottolo che metteva alla provinciale.

Mentre scendevo verso la strada, e prima di svoltare, alzò un braccio e mi gridò a voce spenta: « Domenica! Alle tre! ».

La domenica dopo, alle quattro, passeggiavo da un'ora sotto i noci, intorno alla chiesetta di Sant'Anna. Tra l'erba brunita dal freddo occhieggiava qua e là qualche sasso o un mallo annerito e raggrinzito, ai quali chiedevo, non sapendo a chi altro rivolgermi, come avrei potuto ritrovare Caterina, dopo l'appuntamento ormai irreparabilmente mancato. Andarla a cercare al suo paese, non era possibile senza suscitare i sospetti e le reazioni della sua famiglia e dei giovani del luogo, gelosi delle loro ragazze e sempre all'erta per interdire l'entrata di estranei nella compagine paesana. Solo avendo delle conoscenze nel paese o almeno nella valle, avrei potuto evitare un pestaggio. Non contando amici da quelle parti, per riprendere contatto con Caterina non mi restava che incontrarla, come la prima volta, nella sala d'aspetto della stazione tramviaria. Ci andai per molti giorni alla partenza d'ogni corsa e a ogni arrivo, destando l'attenzione dell'Orlando, che cominciò a prendermi in giro.

« Non l'hai vista? » mi diceva vedendomi deluso dopo la scomparsa dell'ultimo viaggiatore. « È scesa dall'altra parte della carrozza ed è uscita dalla porta d'entrata. »

Pensando e ripensando a un modo qualsiasi per aver notizie di Caterina, mi ricordai del dottor Trigona, medico condotto della valle, che al mercoledì veniva solitamente al Metropole a bere un caffè, quando arrivava in automobile per andare a trovare all'ospedale i ricoverati della sua condotta. Lo appostai ed ebbi il coraggio di avvicinarlo e di chiedergli notizie di Caterina.

« L'ho vista stamattina » mi rispose. « Sta benissimo. » Poi mi studiò guardandomi dall'alto in basso e mi domandò perché m'interessassi di Caterina.

« Sono innamorato » gli sussurrai afferrandomi a un suo avambraccio.

« Poveretto » mi rispose. « Dovrai avere molta fortuna, perché Caterina non è una ragazza facile. »

« Ma come potrei rivederla? » domandai. « Glie lo dica che si faccia viva, che mi dia un segno, una spiegazione qualsiasi della sua scomparsa. Dopo il primo incontro non si è fatta più vedere. »

Non rispose né sì né no, ma era curioso di sapere come l'avessi conosciuta. Quando glie lo dissi mi domandò quale era il mio lavoro.

« Sono in attesa di un posto » risposi.

Dovettero passare sei mesi prima che Caterina ricomparisse. Durante tutto quel tempo non avevo trascurato altri tentativi per rivederla, ma sempre senza risultato. Passavo le ore al Metropole con le carte in mano, mollando il posto a qualcuno quando sentivo il fischio del tram in arrivo o quando s'avvicinava l'orario di partenza d'una corsa, per correre alla stazione nella speranza d'incontrarla. Dopo alcune settimane di quella vita mi rassegnai. Vedevo al mercoledì il dottor Trigona, ma non osavo più interpellarlo. Finché un giorno, proprio sei mesi dopo il primo incontro con Caterina, ricevetti una sua lettera. Non una lettera, ma un semplice biglietto nel quale mi diceva che la domenica dopo, alle tre del pomeriggio, mi avrebbe aspettato davanti alla chiesetta di Sant'Anna.

Quando mi presentai all'appuntamento, era ferma vicino a una finestrella inferrata della chiesetta. Mi guardava arrivare, attraverso il prato, come se fossi io il redivivo.

Non mi diede alcuna spiegazione sul suo lungo silenzio, ma mi fece capire che a suo tempo avrei saputo tutto quel che c'era da sapere.

Per timore di un'altra sua scomparsa, non fiatai.

Gli incontri, dopo quella domenica, si ripeterono fino a diventare giornalieri e, verso la fine dell'estate, anche serali.

Fu dopo un colloquio serale, che incominciò la sua confessione, diventata, con la raggiunta intimità, necessaria e improrogabile.

All'età di sedici anni si era legata a un giovane di Milano che aveva una grande villa al suo paese, un tal Dionisotti, di trentacinque anni se non più, del quale andava in casa di soppiatto quando era solo.

I particolari me li risparmiò, limitandosi a dirmi d'aver sostenuto una dura lotta per liberarsi da quella passione. Il Dionisotti era un prepotente, una specie di don Rodrigo che dominava tutta la valle e al quale era difficile tener testa. Guarita finalmente, disse, si consegnava a me senza condizioni.

Cominciò allora il nostro buon tempo e durò una intera estate. Quasi ogni giorno prendevo il tram per la sua valle, tanto che una volta l'Orlando, nel gettarmi fuori dallo sportello il biglietto mi disse: « Perché non fai l'abbonamento? ».

Non scendevo mai al paese di Caterina per non dare nell'occhio, ma una fermata prima o una fermata dopo. Restavo a terra, quando il tram ripartiva, un po' stranito e senza meta, in attesa che comparisse, secondo l'intesa dell'ultimo incontro, all'uscita d'un sentiero o d'una mulattiera, dove la raggiungevo, per poi avviarmi con lei verso i boschi, qualche volta inerpicandoci lungo le pendici e arrivando a metà montagna. Caterina conosceva tutti i sentieri e riusciva sempre a trovare un posto comodo, ora in un anfratto pieno di foglie secche, ora sopra un greppo quasi inaccessibile dal quale si dominava la valle.

Non contenti di quei furtivi incontri, ci trovavamo anche di domenica, al mattino presto, vestiti da montagna e con le vettovaglie necessarie per una gita che durava tutto il giorno. Si andava allora sui monti, il Cinque Termini o il San Giorgio, finendo sempre col trovare una baita davanti alla quale si stazionava sul mezzogiorno, seduti ai tavoli di pietra, salvo poi nasconderci, a tempo debito, dentro un fienile o in qualche stabbiolo, sopra un letto di paglia o di strame, dove ogni nostra espansione era limitata dalla scomodità e anche dal pericolo di una sempre possibile apparizione di contadini o di cacciatori.

Nel tardo pomeriggio, prima di gettarci per i viottoli e lungo i prati che scendevano verso il fondo valle, stavamo sempre a lungo seduti l'uno accanto all'altra su qualche dirupo a guardare dall'alto il lago che serpeggiava verso la pianura o l'incrociarsi e il biforcarsi delle valli: la Valcuvia, la Valganna, la Val

Marchirolo, la Valtravaglia e altri solchi minori, sprofondati nel verde dei castagni e dei faggi.

Qualche volta capitava che di ritorno da quelle gite, mentre aspettavo il tram davanti al casottino d'una fermata intermedia, tra un paese e l'altro, passasse in automobile il dottor Trigona. Se era diretto verso il mio paese, vedendomi sul margine della strada frenava e mi raccoglieva quasi con pietà. Medico condotto da più di vent'anni in quel consorzio di piccoli comuni, conosceva uomini e bestie, come usava dire lui stesso, da un capo all'altro della valle. Non mi domandava mai nulla e badava alla guida, pur sapendo benissimo qual era la ragione del mio andare e venire nei suoi territori.

Il dottor Antonino Trigona, un siciliano alto, magro e occhialuto di cinquant'anni, con moglie settentrionale e due brutte figlie in età da marito, era il confidente discretissimo dei maggiorenti e l'amico sincero dei poveri. Aveva un solo vizio: il fumo. Metteva la pipa in bocca appena uscito di casa e la toglieva soltanto per metterne in bocca un'altra delle tante che teneva sul cruscotto dell'automobile, sui tavoli dell'ambulatorio e in ogni stanza di casa sua.

Quando viaggiavo di fianco a lui speravo sempre che mi parlasse di Caterina, fosse pure per rimproverarmi o per distogliermi dalla mia impresa, ma non c'era pericolo che aprisse bocca. Mi sbirciava ogni tanto per brevi istanti con gli occhi socchiusi tra una tirata di pipa e l'altra, poi guardava in avanti, silenzioso e tranquillo.

L'ultima volta che mi fece salire sulla sua vecchia 514, alla curva di Rancate tolse la pipa di bocca e mi rivolse la parola: « Quando incomincerai a la-

34

vorare? » mi chiese, non in tono di rimprovero ma come se sapesse che avevo finalmente un posto in vista.

« Presto » risposi.

Con l'autunno infatti mi si presentò, non cercata né desiderata, l'occasione di un impiego in lontane province.

IV

Mi pareva impossibile staccarmi da Caterina. Ma un "posto fisso", come si diceva in quei tempi di grande ristrettezza se non di miseria, non consentiva perplessità. Trovare tra i diciotto e i venticinque anni un'occupazione redditizia, era allora un fatto importante quanto il nascere, perché comparire nel mondo senza riuscire a sostenervisi onorevolmente era considerata una disgrazia uguale alla morte.

L'impiego, il posto che si era improvvisamente fatto per me in un ufficio a tre o quattrocento chilometri di distanza e che dovevo correre a occupare entro un termine perentorio, mi appariva come un evento destinato a chiudere una parte della mia vita. Una occupazione garantita, con lo stipendio che avrebbe comportato, voleva dire l'immissione in un decorso di anni e di eventi tutti prevedibili, fra i quali sarebbe entrato, e tra i primi, il matrimonio. Caterina, che era un sogno, sarebbe diventata mia moglie. Mi sembrava che qualcuno, nell'ombra, avesse lavorato a ingabbiarmi: forse mio padre aveva mosso delle leve, tirato dei fili. Ma intanto dovevo partire e star lontano da lei chissà per quanto tempo.

Per consolarmi, Caterina mi diceva che sarei tornato presto, e che comunque nulla ci avrebbe mai separati. A suggello del nostro patto mi pròpose addirittura un piano per passare un'intera notte insieme. Aveva avuto l'idea di una gita sui monti, con la partenza al sabato e il rientro nel tardo pomeriggio della domenica. La meta prevista era l'Alpe Camogia, sul monte Samoré, tra il San Giorgio e il Cinque Termini: un gruppo di sette o otto baite sovrastate da enormi castagni, che crescendo ed espandendosi anche sottoterra con le loro enormi radici, avevano avvolto le piccole costruzioni in un mostruoso groviglio.

L'Alpe Camogia, un tempo piena di gente e di animali quando vi salivano i contadini con le mandrie, era ormai abbandonata e deserta. Caterina aveva avuto da un vecchio contadino del suo paese la chiave di una delle baite.

Seguendo mulattiere e sentieri per i quali Caterina si metteva nel buio senza alcuna esitazione, in due ore arrivammo al pianoro in fondo al quale era annidato il gruppo delle baite.

Il vento scuoteva i castagni e alzava dal bosco un rumore simile a quello d'un fiume che corra tra le ghiaie. Delineate nettamente dalla luna piena, si scorgevano le casupole di sassi, avvolte dagli alberi ormai spogli.

La chiave era così grossa che dovette essere manovrata a due mani. Il catenaccio corse stridendo nei suoi passanti arrugginiti e una mezza porta si aprì. Dentro trovammo, a lume di candela, un tavolo, due sedie, una cassapanca e una madia. Nel fondo, in una nicchia, due sacconi di foglie secche.

Chiusa la porta e acceso il camino, tutta la notte era davanti a noi. Portai i due sacconi di foglie di fronte al fuoco ed ebbimo il più comodo letto che si potesse desiderare. Dentro la baita, sdraiato sul saccone, col vento che soffiava di fuori, la luna che a quell'ora era già scesa dietro il Cinque Termini e i paesi lontani, in fondo alla valle, mi sentivo al sicuro, nascosto a tutto il mondo. La mia prossima partenza diventava un fatto incerto, estraneo, che forse non si sarebbe mai verificato.

Caterina, in ginocchio accanto a me, regolava il fuoco con un bastone. Avevamo spento la candela e l'unica luce ci veniva dal camino. Nel riverbero delle fiamme la guardavo e pensavo che i suoi occhi fissi nel fuoco, le sue braccia ben modellate da un maglione blu e il suo petto che vedevo sollevarsi nel respiro, mi appartenevano come i miei stessi occhi e ogni parte di me. Mi sentii, per un attimo, felice. Nessuno poteva più togliermi quel che mi era toccato: in fondo soltanto una donna, un bene che tocca a tutti, anche ai poveri e ai disgraziati.

Caterina si voltò a guardarmi con un sorriso, quasi avesse letto il mio pensiero e lo condividesse. Si piegò sopra di me posando una mano sul saccone e stette a guardarmi lungamente, quasi volesse versarmi dentro un fluido capace di dissolvere tutte le pene e le amarezze che l'amore, anche il più giusto e il più semplice, non può non portare con sé.

Proprio attraverso quel fluido invisibile che aveva cominciato a colare dai suoi occhi nei miei, passò d'improvviso, freddo come una lama, un fischio acuto, prolungato, che non si capiva se venisse da lontano o da vicino, ma che pareva ci riguardasse, che certamente ci riguardava. Lo sguardo di Caterina si ritirò dai miei occhi per rivolgersi dentro di lei, che si interrogava su quel fischio.

Poco dopo si udì il latrato d'un cane.

Nel camino, che era diventato un braciere, lingueggiavano due o tre fiammelle, più azzurre che rosse. Mi alzai e con la paletta gettai della cenere sulle braci. La stanza si oscurò completamente e fuori si sentì solo il vento.

« Saranno cacciatori di tassi o di volpi che scavalcano il colle » disse Caterina sottovoce.

I cani, che dovevano essere due o tre, abbaiarono di nuovo, più da vicino.

« Cacciatori, cacciatori » insisteva Caterina.

I cani arrivarono alla nostra porta. Si sentivano mugulare, coi musi alle fessure, poi ritrarsi e abbaiare intercalando dei guaiti, per far capire che sentivano qualcuno oltre le assi.

Si udì una voce, non lontana, ma il fruscìo degli alberi mossi dal vento la coprì.

Caterina era immobile. Forse aveva riconosciuto la voce.

"Il Dionisotti" pensai, ma non osai pronunciare quel nome. Potevano essere davvero cacciatori di tassi. Se invece fosse stato il Dionisotti, solo o con qualche compagno, voleva dire che il proprietario della baita, dopo aver dato la chiave a Caterina ci aveva traditi. Il Dionisotti, con la sua doppietta, era là fuori, sotto i castagni. Gli sarebbe bastata una spallata per sfondare la porta. Poi ci avrebbe inchiodati con due colpi lì dove eravamo.

Potevano passare degli anni prima che si trovassero i nostri cadaveri. A casa mia avevo detto che sarei andato di là del lago, per salire fino all'Alpe di Truno e raggiungere, la mattina dopo, la Valle Cannobina attraverso il passo della Piazza. Prima di partire per il mio nuovo lavoro, avevo detto, volevo rivedere i luoghi dove andavo fin dalla primavera a fare lunghe passeggiate.

Una voce rauca richiamò i cani, che si staccarono malvolentieri dalla porta: « Floch! Burba! ».

Un'altra voce si fece sentire nel vento: « C'è gente, là dentro ».

« Non c'è nessuno » rispose la prima voce. « I cani sentono i topi. Le baite sono piene di topi. »

Non riuscivo a vedere la faccia di Caterina nel buio e a leggervi il nome che in quel momento forse le riempiva la mente.

« Sono proprio cacciatori » disse. « Ma non del mio paese. Li avrei conosciuti dalla voce. »

I cani abbaiavano ancora, ma lontani, verso l'erta del Cinque Termini. Quando non si sentirono più, mi mossi, cercai a tastoni qualche fuscello, lo infilai sotto le braci e soffiai. Si levò una fiammella che illuminò appena il focolare e gli stipiti del camino. Ma un tizzo prese fuoco e potei vedere la faccia di Caterina, che mi parve tranquilla.

Aggiunsi altra legna e il fuoco tornò a risplendere, ma ci sarebbe voluto del tempo perché si ristabilisse l'atmosfera di un'ora prima, quando avevo provato un brivido di felicità. Guardai l'orologio e vidi che era appena passata la mezzanotte.

Presi il thermos che avevo nel sacco di montagna e versai del caffè. Caterina non ne volle. Stava ancora in ascolto, ma ormai non si udiva più nemmeno il vento, che era calato.

« Vado fuori a guardare » dissi muovendomi.

« No » disse trattenendomi per un braccio.

« Allora, metto il tavolo e la madia contro la porta. Saremo più sicuri. »

Mi alzai e feci la barricata, puntando anche un palo contro la porta.

Fuori e per un grande tratto intorno non doveva esserci più nessuno, perché si udì chiurlare l'assiolo.

Due ore dopo, appena caduti in un breve sonno, fummo risvegliati da un furioso abbaiare di cani in corsa che si avvicinavano rapidamente alle baite. I musi vennero ancora alla porta e fuori si udirono le voci di prima.

« Sfondiamo l'uscio » disse la voce rauca. E subito si sentì una scalciata contro le assi. Ma non ne seguirono altre, perché la voce che due ore prima aveva parlato di topi intervenne: « Lascia stare » disse.

La stessa voce richiamò i cani, che si allontanarono dalla porta.

Nel silenzio che seguì e che parve più che un silenzio un vuoto, rintronò un colpo di fucile, seguito subito da un altro. Le due scariche, dirette contro la nostra porta, la crivellarono, ma senza oltrepassare il tavolo, messo in piedi e tenuto fermo dalla madia.

Dopo i colpi che echeggiarono più volte di rimando tra il Samoré e il Cinque Termini, non si udì più nulla per tutta la notte, che passammo in silenzio, appiattiti ognuno sul nostro saccone, senza neppure toccarci.

La luce del giorno trapelava da un pezzo dalle fessure della porta e perfino dal tetto, che era di pietre mal connesse e smosse dai geli invernali. Ma il tuono delle due scariche e la sferzata dei pallettoni contro la porta ci teneva ancora immobili sui sacconi, davanti al camino ormai spento. Solo quando un raggio di sole, filtrando da uno dei fori aperti dall'impallinata traversò la stanza, mi risolvetti ad alzarmi, a smontare la barricata e a metter fuori la testa.

La radura, sfiorata dal sole appena sorto, brillava in ogni goccia di rugiada come la filigrana di vetro d'un lampadario. Gli alberi intorno alle baite erano immobili e i boschi circostanti così silenziosi da sembrare pietrificati. Mossi alcuni passi e trovai per terra, nell'erba, due bossoli che odoravano ancora di polvere da sparo. "Léon Beaux", lessi intorno alle capsule d'ottone.

Caterina comparve sulla soglia, pallida e spettinata. Sul fondo scuro della porta spalancata la sua figura, illuminata dal sole, sembrava esilissima, infantile. Si guardò attorno lentamente, poi alzò una mano per ravviarsi i capelli che le cadevano sulla fronte.

« Potrebbero ritornare i cacciatori » dissi raggiungendola e calcando sulla parola cacciatori. « È meglio sgombrare. »

Con una lunga camminata sul fianco del Samoré arrivammo, per mezzogiorno, al Villaggio Alpino del Touring, sul versante ovest del Cinque Termini.

Nel pomeriggio la accompagnai fino a mezzo chilometro sopra il suo paese. Poi, tenendomi tra i boschi e lungo le strade poderali, andai a prendere il tram due chilometri più lontano, alla fermata del Molino Rotto, dove la linea della valle confluiva con quella proveniente dal capoluogo della provincia.

A metà settimana tornai con altrettanta prudenza alla chiesetta di Sant'Anna, dove Caterina mi aspettava per l'ultimo saluto prima della mia partenza.

Seduta di fianco a me sul gradino, con la testa fra le mani per nascondere qualche lacrima che le cadeva sull'erba del sagrato, pareva in preda a una silenziosa disperazione. Non parlava, ma si concentrava e stringeva i denti per non piangere. Ogni tanto, come sorpresa da un pensiero, alzava il capo e mi guardava.

D'un tratto mi afferrò le mani, le baciò rapidamente, poi fuggì di corsa verso il suo paese.

Arrivato a destinazione dopo due giornate di treno, trovai la sua prima lettera, alla quale ne seguirono altre, quasi ogni giorno.

Nel mio viaggio, durante il quale mi ero fermato a Venezia una notte, passando l'Adige, il Piave, la Livenza, il Tagliamento e poi l'Isonzo per arrivare al confine della Jugoslavia, a ogni fiume che oltrepassavo era come se il ponte crollasse alle mie spalle. Sentivo che mi sarebbe stato difficile tornare e che era meglio tagliarli alle spalle i ponti, perché lo spasimo per ciò che si è lasciato impedisce di capire che tutto il mondo è paese e che una donna vale l'altra.

Se pensavo a Caterina, e ci pensavo sempre meno, mi pareva di aver avuto tutto da lei e che il capitolo aperto l'anno prima davanti alla chiesetta di Sant'Anna fosse ormai chiuso, come debbono chiudersi, uno dopo l'altro, tutti i vari capitoli che compongono il libro dell'esistenza.

Le sue lettere non parlavano mai del legame che ci univa. Nessuno, leggendole, avrebbe potuto prenderle per lettere d'amore. Mi informavano sull'andamento della stagione, sulle nevicate e sulle piogge, oppure mi davano conto delle piccole novità locali, come il fidanzamento della figlia maggiore del dottor Trigona, la più brutta, che entro l'anno avrebbe sposato il geometra Usuelli, capomanipolo della Milizia e istruttore di ginnastica. Solo raramente e come per caso, citava i luoghi dove eravamo stati insieme: la chiesetta di Sant'Anna, per dirmi che ne avevano rifatto il tetto divenuto pericolante, l'Alpe Camogia, per farmi sapere che un incendio boschivo era stato per raggiungere le baite, ma che gli uomini del suo paese erano riusciti a domarlo. Mi riferiva le sbadataggini del suo curato don Galimberti, che ogni tanto perdeva il breviario e per Natale, preparando in chiesa il solito presepe aveva messo, con grave scandalo di tutto il paese, la statuina d'un pastore al posto di quella di San Giuseppe.

Non sapendo cosa raccontarle della vita che conducevo e non riuscendo, nelle mie lettere, a prendere un tono diverso dal suo, dopo un mese o due trascurai di risponderle, o meglio, con una sola e breve lettera riscontravo, molto superficialmente, cinque o sei delle sue.

Ma quando, di colpo e senza spiegarmene il motivo, cessò di scrivermi, il suo volto, i suoi occhi, le sue scarse parole, cominciarono a ripresentarsi con insistenza nella mia mente. E insieme, l'eco delle fucilate nella notte, alla Camogia, e il fantasma di quel Dionisotti che era stato il suo primo amore. Non mi sembrava giusto abbandonare Caterina senza prima aver cancellato completamente dal suo cuore e anche dal suo corpo ogni traccia del passato. La mia assenza poteva aver favorito il risorgere in lei di quel fantasma sempre in attesa, come un eczema o una

di quelle malattie che non guariscono mai e si riacu-
tizzano ogni ritorno di stagione.

Ricominciai a scriverle e a ricevere le sue lettere,
che pur parlandomi di cose apparentemente estranee
ai nostri sentimenti, mi acuivano il ricordo dei luoghi che avevo abbandonato e il desiderio di rivederli.

Presto sentii che dovevo tornare, che non potevo
mettere altre radici prima di aver strappato quelle
che mi tenevano unito al mio paese.

La sorte mi favorì, perché mi fu possibile, dopo
meno di un anno, rimetter piede in casa mia.

Ancora una volta avevo disertato davanti a un
regolare impegno di lavoro. Cominciai a chiedermi
se il paese nativo, il Dionisotti e la stessa Caterina
non fossero che pretesti per un ritorno che era invece motivato dalla mia insopportazione, per non
dire dalla mia infingardaggine o malavoglia. Fin dal
tempo delle elementari la nota saliente nelle mie qua-
lifiche scolastiche era la "svogliatezza". Parola che
per me non aveva significato di biasimo, perché la
svogliatezza non era una colpa né una malattia, ma
semplicemente la voglia di non avere voglia e in sostanza una cosa positiva, come l'accortezza o la
saggezza.

La scarsa applicazione della quale avevo dato prova nell'incarico che mi era stato affidato, aveva ope-
rato il miracolo della mia sospensione dal lavoro.
"Sollevato dall'impiego a tempo indeterminato":
ecco la formula dell'incantesimo che mi aveva reso
libero.

Ma appena ebbi rivisto Caterina mi fu chiaro che
tutti quei fiumi li avevo ripassati invano e che i

ritorni non sono che inganni del cuore. Caterina, vedendomi estraneo e come distratto, raddoppiò il suo fervore e arrivò a perdere ogni fierezza per farsi mia umile schiava. Un giorno arrivò a dirmi che non pensava neppure lontanamente al matrimonio, e che si sarebbe contentata, quando mi fossi sposato con una donna degna di me, di venire in casa mia come persona di servizio, pur di starmi vicina ogni momento.

Il suo avvilimento, se agli inizi mi aveva inorgoglito, dopo qualche settimana mi irritò, tanto che finii col preferirle il gioco e con l'imporle di presentarsi due volte la settimana al Metropole. Non contento d'averla ridotta a quel punto, cominciai a tormentarla, fingendomi geloso del Dionisotti o dell'Orlando. Incapace ormai d'ogni reazione, Caterina non si lagnava, e mi guardava tristemente, come per dire che avevo diritto di dubitare e addirittura, se avessi voluto, di maltrattarla.

V

Ne avevo dei fatti da rievocare e da riprendere in esame in quelle notti! Anche se ogni tanto, quando eravamo al caldo sotto le coperte nella camera numero nove, venivo distratto dal frastuono della Galloni del Tibiletti che passava per il viale.

Con qualche giornale sotto il maglione e un paio di pelli di coniglio fissate intorno alle impugnature del manubrio perché non gli gelassero le mani, il centauro passava come un'anima in pena facendo rombare al massimo il suo motore. Arrivò al punto, verso Natale, di fermarsi qualche volta per mezz'ora, fra le tre e le quattro di notte, davanti al Metropole col motore che andava al minimo. Una notte mi alzai, e sollevata di due dita la tapparella, guardai in basso. Il Tibiletti era fermo sulla sua moto con un piede poggiato per terra, di fianco al monumento di Garibaldi. Il motore della Galloni borbottava in sordina e ogni tanto dava un mezzo scoppio.

Ma non era di lui che mi preoccupavo, e neppure dell'Orlando. Se qualche cosa cominciava a dare esca alla mia inquietudine, era il pensiero del Dionisotti. Mi era sembrato di averlo cancellato dalla mente, ma invece ritornava continuamente a tormentarmi, forse perché non era un'ipotesi, ma una realtà. Era passato come in un giardino, calpestando e strappando a suo piacere, poi era scomparso, se era scomparso, lasciandomi i suoi rimasugli: un cuore sconvolto da riassestare e un corpo non sciupato e nemmeno avvizzito, anzi maturato e levigato, ma ormai piegato a chissà quali usi e servizi. Avevo letto, l'anno prima, nello studio dell'avvocato Pellegatta, che era uno dei frequentatori del Metropole, la copia di un processo, più interessante d'un romanzo, contro un tale che aveva abusato d'una giovinetta. La perizia medica che il giudice aveva ordinato per accertare non solo la deflorazione che era alla base dell'accusa, ma anche lo stato della parte lesa, metteva in evidenza, stando alle parole del perito che aveva esplorato l'organo e le sue adiacenze, un "imene sflangiato con esiti cicatriziali non recenti", tale nel suo aspetto da consentirgli la designazione della vittima quale "soggetto adusato al coito". Era la frase, o formula, che applicata da me pari pari a Caterina, mi perseguitava nel corso delle notti ben più del frastuono della Galloni. La rottura, l'effrazione, ormai apprezzabile solo all'ispezione medica, non era nulla in sé, purché fosse stata opera d'un chiodo, d'un piolo, d'un ferro chirurgico, magari anche d'un uomo, come capitava nelle antiche invasioni, d'un lanzichenecco o comunque d'un energumeno senza volto, di passaggio, di quelli che si impossessavano d'ogni bene e quindi anche delle donne.

"Adusata al coito" poi. Che voleva dire usata a lungo, bestialmente, tanto da determinare una modificazione anatomica e addirittura un'assuefazione. Salute! Ecco cosa mi era toccato. Benché il fascino di Caterina venisse proprio dal buio che aveva alle spalle, perché si trattava di un'oscurità nella quale era doloroso e insieme attraente inoltrarsi. Un uomo di trentacinque anni e forse di quaranta, esperto di donne, passato in chissà quali acque, che riesca ad ammaliare una fanciulla di sedici anni ignara e curiosa, può farle credere normale ogni ignominia. Ma come aveva proceduto? Come era arrivato a farle superare il pudore istintivo? Magari con degli accorgimenti audacissimi, rivoltanti, che le donne anche giovani sopportano per una predisposizione atavica. La faceva entrare di soppiatto nella sua villa, quando ci andava da solo per la caccia. Una villa piena di quadri, probabilmente croste, falsi Mancini e falsi Irolli, con tappeti di Monza, mobili stile Cinquecento, radio monumentale e pianoforte a coda che nessuno della famiglia aveva mai adoperato: quello che può mettere insieme l'orgoglio e l'ignoranza di un piccolo industriale venuto dal nulla come era il padre del milanese, di colui che Caterina per decenza chiamava "un giovane", sebbene avesse almeno vent'anni più di lei.

Mi ero contentato di quel poco che Caterina mi aveva detto, senza sputar fuori le domande che mi bruciavano la lingua. Ma non ero riuscito a salvarmi dai dubbi più angosciosi.

"E se quel milanese..." mi sussurrava una vocina.

Meglio non pensarci, mi dicevo. Cose simili le raccontava solo il conte Nazzari, o si possono sentire al caffè, dalla bocca dei più scostumati, ma nella realtà non avvengono mai.

"Avvengono, avvengono" insisteva la vocina.

Proprio per allontanare il fantasma del Dionisotti, che compariva continuamente a tener vivo il mio ro-

51

vello, con l'arrivo della primavera contavo di ripartire dietro a qualche progetto di lavoro o d'impiego. Appena scaduto il periodo di sospensione che mi era stato decretato, sarei tornato dov'ero stato l'anno prima e dove non avevo mancato di far conoscenze. Si trattava di resistere fino ad aprile o fino a maggio.

Ma dopo il Natale, al tempo della Candelora, che è la festa della Purificazione, una domenica pomeriggio, mentre giocavo al bigliardo nel bar del Metropole, entrò il Tibiletti.

Dopo essersi fatto servire una bibita si appoggiò con un gomito al bancone del bar e restò, facendo perno sulla gamba destra che era la più corta, a guardarsi in giro come se fosse venuto al Metropole per passare il pomeriggio. Guardava i due tavoli dove si giocava a carte o spingeva l'occhio fino al bigliardo, ma senza seguire il gioco e con l'aria di voler solo ingannare il tempo. Ogni volta che si apriva la porta girava la sua incredibile faccia verso l'entrata, ma per distogliere subito ogni attenzione dal modesto andirivieni degli avventori del locale, sempre scarsi, specialmente di domenica.

Giocando, lo tenevo d'occhio, interessato a capire la ragione della sua presenza proprio in quel posto che era l'incubo delle sue notti. Mi accorsi che ogni tanto dava delle occhiate verso il corridoio a metà del quale si apriva il vano della scala per i piani superiori. Aveva l'aspetto di un uomo tranquillo e quasi annoiato, stando all'abbandono della sua persona, che era in attitudine di riposo e addirittura di mollezza e di rilassamento, come solitamente appare il corpo dei motociclisti quando è separato dal motociclo.

Con la stecca in mano, nel locale del quale ero

abitudinario, e una decina di amici seduti ai tavoli di gioco, mi sentivo nel mio regno e non capivo come il Tibiletti potesse resistere in quell'atmosfera, sopportare la mia presenza e il leggero sorriso di compatimento se non di scherno che avrebbe potuto leggermi in viso. Pareva indifferente a tutto: ogni tanto si grattava la mezza testa coperta di capelli o si accomodava con una sola mano i calzoni da cavallerizzo a quadretti bianchi e neri che erano la sua divisa. A un certo momento addirittura sbadigliò.

Quando, posata la stecca, mi avviai verso i tavoli dei giocatori di carte e gli passai davanti, con timidezza, piegando il capo e abbozzando una specie di sorriso, mi sussurrò: « Posso parlarle un momento? ».

Guardai, trasecolato, prima i giocatori del tavolo vicino e poi la moglie dello Sberzi seduta alla cassa, per vedere se avessero sentito anche loro l'incredibile richiesta.

Ma i giocatori erano assorbiti dalle carte e la moglie dello Sberzi guardava alto, fuori dalla finestra, estranea a quanto avveniva nel locale.

Mi avviai verso il corridoio, col Tibiletti che mi si era messo di fianco e camminava zoppicando con disinvoltura. Raggiunsi il salone ristorante, vuoto a quell'ora, e sedetti a un tavolo. Il Tibiletti si accomodò di fronte a me.

Potevo finalmente vederlo bene, studiare da vicino il suo cranio semiscoperto, valutare l'infossamento del suo zigomo sinistro e stimare quel poco che gli era rimasto dell'orecchio destro.

« Lei sa chi sono » cominciò « e io so chi è lei. So anche quali sono stati i suoi rapporti con Caterina... »

« Quali sono » precisai sottolineando.

« No » rispose. « Quali sono stati, perché Caterina non verrà più qui, il mercoledì e il venerdì sera. Mi ha mandato oggi proprio per dirle che non desidera più vederla, perché si è fidanzata. »

« E con chi? »

« Con me. »

« Ma se solo l'altra notte » esclamai indicando i piani superiori « abbiamo dormito insieme al numero nove! E sa che cosa ha detto Caterina quando lei è passato per la terza o la quarta volta con la moto, verso mattina? Povero Tibiletti, ha detto, non si dà ancora pace! »

« Invece ecco che Caterina ha dato pace al povero Tibiletti. Pace e felicità, perché ci siamo fidanzati e prima di Pasqua ci sposeremo » disse con dolcezza.

« Ma con quale coraggio lei può sposare una ragazza che solo due giorni fa... »

« Due giorni o due anni non conta. Anche lei se l'era presa dopo che l'aveva lasciata il Dionisotti, benché di sposarla non abbia mai avuto intenzione. Finito l'inverno lei se ne andrà di nuovo, starà via magari tre o quattro anni e forse per sempre, troverà altre donne e a Caterina non penserà più. Perciò le chiedo di lasciarmela: io la sogno da quattro anni, fin da quando andava ancora a scuola. Lei non sa quel che ho passato. Questa mia faccia è così perché ho sprezzato ogni pericolo, sempre con la speranza di ammazzarmi. Venerdì notte volevo infilare l'imbarcadero con la moto, a tutta velocità, per andarmene in fondo al lago. Ma ieri Caterina mi ha posato una mano sul braccio e mi ha detto: "Arturo, ti sposerò, perché solo tu mi vuoi bene". »

Così dicendo mi posò una mano sopra un avambraccio e mi guardò dalle fessure dei suoi occhi cercando di sorridere, ma riuscendo solo a una smorfia. Lentamente, e sempre guardandomi, mise una mano nel petto e da sotto la camicia tolse una lettera.

« È per lei » disse porgendomela.

Riconobbi, dall'indirizzo, la calligrafia di Caterina. Aprii la busta e spiegato il foglio lessi:

Se avessi avuto il coraggio di parlarti non avrei potuto dirti più di quanto hai saputo oggi. Con queste righe si chiude la nostra storia. Dimenticarmi ti sarà facile. Io ti ho già dimenticato.

Caterina.

« Vorrei sapere una cosa sola » dissi intascando la lettera e guardandolo negli occhi. « In questi due anni, o meglio in questi ultimi mesi, tra di voi c'è stato nulla? »

Il Tibiletti protese un braccio sul tavolo con la mano aperta come un Muzio Scevola e guardandomi intensamente disse: « Nulla. Glie lo giuro ».

« Allora » conclusi alzandomi e facendo il gesto di chi avvia qualcuno al suo destino « andate in pace. »

Il povero Tibiletti era venuto a proposito. Senza di lui non sarei mai riuscito a liberarmi di Caterina e quindi del Dionisotti. Avevo bisogno di non sentire più l'eco delle fucilate che avevano riempito la notte nella baita della Camogia, e che ogni tanto mi aprivano due buchi neri nel cervello.

Ma bastarono pochi giorni di quella imprevista

tranquillità, perché nuovi dubbi e nuove inquietudini mi cogliessero. E se il Tibiletti, mi chiedevo, fosse un uomo del Dionisotti, usato abilmente per mettermi fuori gioco?

Tutto poteva darsi. Ma era certo un fatto: che un motociclista, un figlio di macellaio di paese, era entrato in scena e aveva cambiato faccia a tutta la vicenda cominciando col buttarmi in un angolo, come un arnese ormai fuori uso. Per di più, con le buone maniere e riuscendo perfino a strapparmi una specie di consenso. « Andate in pace » gli avevo detto, come se io fossi già in pace, appagato, tranquillo.

VI

Avevo perduto Caterina per leggerezza, senza far in tempo a scoprire nulla di ciò che nascondeva dentro di sé. Come nella più umile zolla è contenuta tutta l'essenza della terra, così nel suo essere, tanto semplice all'apparenza, mi sembrava latente e sempre in procinto di rivelarsi la sostanza dell'animo femminile. Cos'erano, da dove venivano, che senso avevano i sentimenti, le passioni, l'amore e il tradimento? Sentivo che solo attraverso Caterina avrei potuto saperlo e soprattutto che solo lei avrebbe potuto colmare la mia solitudine, perché ero solo, senza amici e afflitto dall'incomunicabilità dei giovani di provincia, chiusi nella loro scorza di timidezza e di ritrosia. Ma ormai Caterina era scomparsa, inabissandosi in quel nulla del Tibiletti: un motociclista, nient'altro che un motociclista, addirittura nessuno senza la sua ridicola motocicletta, o solo un manichino rotto, sfigurato, da servire come spaventapasseri o come un mio simulacro, tuttavia sufficiente a sostituirmi fisicamente, essendosi dimostrata inesistente ogni altra mia qualità.

Quel che mi restava a fare, per mettermi davvero in pace, era cercar di giungere, anche senza Caterina, a ricostruire la sua vita per scoprire il segreto che certamente nascondeva e persuadermi che se l'avevo persa era stato per il mio bene. Ma da che parte cominciare? Mi venne in mente la sua amica Teresita, quella che ci lasciava soli nel suo salottino e che alcune sere l'aveva tenuta a dormire.

Teresita era la figlia unica di un ispettore scolastico, il professor Vecchioni, un brav'uomo un po' intontito e vicino al pensionamento. Le era morta da una decina d'anni la madre e viveva sola col genitore, sempre assente da mattina a sera per le ispezioni alle scuole del circondario. Studentessa di pianoforte non riuscita dopo alcuni anni di Conservatorio, aveva cominciato per tempo una di quelle esistenze piene d'insofferenza verso l'ambiente, di repulsioni immotivate e di antipatie così ben collocate, che le era riuscito di giungere in pochi anni allo zitellaggio militante, cioè d'assalto: non di eventuali mariti, ma dei mariti e dei fidanzati altrui. Ventisettenne, priva di dote, senza una madre maneggiona che pensasse ad accasarla e decisa ormai a viver libera, aveva intrecciato fin dalla prima gioventù un groviglio di amicizie maschili tra le quali faceva le sue scelte, che non erano mai ispirate dall'amore, ma sempre dal proposito di far dispetto a qualcuno: fossero altre donne o altri "amici". Abitava in un villino lungo il lago, con qualche pianta intorno e due tassi arrotondati ai lati del cancello, che sembravano cresciuti apposta per impedire ai confinanti di sorvegliare l'andirivieni di casa sua. Aveva per di più un cancelletto nel muro di cinta dietro la villa, che era una vera uscita di sicurezza attraverso la quale le era capitato più volte di metter fuori un amico in prova all'arrivo dell'amico in carica. La sua discrezione e l'uso controbilanciato delle amicizie, l'avevano salvata dalla maldicenza più attiva, ma non dal giudizio delle madri con figlie da sposare, le quali la vedevano come una Circe che distoglieva dal matrimonio i giovani di buona famiglia.

Suo padre, miope in un modo inverosimile, andava e veniva dalle sue ispezioni senza notare mai nulla di irregolare. Se, rientrando, intravvedeva qualcuno in salotto, filava nel suo studio e si trincerava dietro pile di libri e di cartelle fra le quali immergeva la testa finché la figlia, sgombrata la casa dalle visite, andava a liberarlo.

La signorina Teresita, come veniva chiamata da chi fingeva di portarle rispetto, o "la Vecchioni", come la indicavano sbrigativamente i malevoli, non era bella, ma aveva un forte ascendente sul mondo maschile della nostra piccola città. L'espressione del suo viso, severa a contrasto con gli occhi maliziosi e sempre sorridenti, faceva supporre un carattere deciso. Era una delle tre o quattro tenniste nostrane, e chiunque poteva vederla al Tennis Club vicino all'imbarcadero, quando giocava in gonnellino corto e maglietta scattando sulle sue gambe nervose e, se le accadeva di chinarsi a raccattare una palla, mostrando tra i due emisferi perfetti delle natiche il fuso d'ombra più ambito e celebrato di tutto il territorio.

Gli amici di Teresita appartenevano tutti al ceto dei maggiorenti locali. Erano figli di industriali o di professionisti, alcuni già indipendenti dalle famiglie, salvo un paio di spostati, che avevano tuttavia alle spalle dei padri facoltosi.

Semplice fannullone con pochi mezzi quale mi trovavo a essere, non ero mai caduto sotto la sua attenzione e le sarei rimasto per sempre ignoto se Caterina non fosse entrata in amicizia con lei. Come e attraverso quali canali avessero confluito insieme pur così diverse come sembravano, non mi era stato possibile saperlo da Caterina, che era portata a far mistero di tutto, ma era evidente che si trattava di un'amicizia protettiva. Più anziana, più esperta e immune dai trasporti sentimentali, Teresita si era assunta la parte di confidente e di consigliera dell'amica. Non è raro il caso di donne che governano gli smarrimenti amorosi di amiche o sorelle quasi per una spontanea complicità che porta il mondo femminile a prestarsi vicendevole soccorso, sia nell'ingabbiare un amante o un fidanzato riluttante al matrimonio, che nel favorire la più sordida delle tresche. Teresita pareva che si fosse limitata a ospitarci nel suo salottino, dove ci lasciava soli per delle ore. Ma da quando Caterina aveva accettato di presentarsi due volte la settimana al Metropole, i loro rapporti si erano rallentati. Forse Teresita aveva disapprovato o almeno non condiviso l'acquiescenza dell'amica e le aveva ritirato il suo appoggio.

La Vecchioni, col deposito di confidenze che doveva aver accumulato in più di un anno di sodalizio con Caterina, poteva forse saziare la mia sete d'informazioni.

Quando andavo in casa sua con Caterina la vedevo appena. Era quasi sempre in tenuta da tennis, con la racchetta in mano, pronta ad andarsene e a lasciarci soli, quasi la infastidisse la mia presenza. Mi disprezzava infatti, o almeno mi vedeva come un oggetto privo di valore, da tollerare per far contenta Caterina, ma solo in attesa che se ne liberasse, presto e definitivamente.

Dopo aver sorvegliato il villino per non capitare quando aveva ospiti, suonai al cancello principale. Si scostò una tendina del pianterreno e un momento dopo Teresita venne al cancello. Vidi subito, sulla sua fronte, una ruga verticale che era segno di irritazione per la mia visita.

Seduto in poltrona davanti a lei che stava sul divano con le ginocchia unite e le mani in grembo, non sapevo da che parte incominciare il mio discorso e neppure che discorso fare. Finii col raccontarle la storia del Tibiletti, nella speranza di riuscire almeno a incuriosirla. Mi accorsi che non ne sapeva nulla.

Mentre parlavo scuoteva la testa con aria di compassione, non capivo se per me o per Caterina. Ma quando arrivai all'apparizione del Tibiletti al Metropole, scoppiò in una mezza risata e commentò: « Poveretta! Me l'aspettavo una fine simile ».

Incoraggiato, ripresi: « Ora, io vorrei persuadermi di non aver subìto una grande perdita, tanto più che non mi sono ignoti alcuni precedenti... Caterina stessa mi aveva confessato di aver conosciuto, prima di me, un certo Dionisotti ».

« Ah, il Dionisotti! » esclamò Teresita allegramente. « Le ha raccontato la storia del Dionisotti? »

« Solo il fatto » precisai « ma non i particolari. »

« Glie li racconterò io i particolari » disse « ma un'altra volta. Ora devo uscire: ho il torneo di tennis. »

Da quel giorno le mie visite al villino dell'ispettore Vecchioni divennero regolari. Teresita aveva finito col giudicarmi un ingenuo se non proprio un tonto, sul quale poteva stendere la protezione che aveva ritirato a Caterina. « Le donne » mi confidò in uno dei primi colloqui e quando eravamo già passati a una certa confidenza « non sono come tu le immagini. Caterina è un modello sbagliato, una ragazza di paese che dell'amore ha un concetto primitivo. Speravo di raddrizzarla. Ma è stata una fatica sprecata. »

Il concetto giusto, evoluto e salutare dell'amore, che secondo Teresita era ignoto anche a me, lasciai che me lo rivelasse lei, di giorno in giorno, mentre finiva l'inverno e veniva avanti la primavera, ma senza dimenticare il fine principale del mio andirivieni nel villino dell'ispettore, che era quello di venire in chiaro della faccenda Dionisotti.

Ci volle del tempo, ma un pomeriggio, mentre imperversava il primo temporale estivo, sdraiato su di un fianco nel letto di Teresita e fingendomi più interessato allo spettacolo del lago in burrasca che alla lenta e precisa narrazione che andavo ascoltando, si alzò il velo sugli esordi amorosi di Caterina.

Non era la prima volta che tentavo di portare Teresita su quell'argomento, ma lei rimandava sempre, forse in attesa di consolidarmi nel distacco dall'amica. Quel pomeriggio dovette persuadersi del mio disincantamento e giudicare arrivato il momento giusto per darmi la mazzata definitiva.

Distesa supina di fianco a me, con due o tre cuscini sotto la testa ma con le gambe ripiegate e le ginocchia in alto, parlava accavallando ogni cinque minuti la sinistra sulla destra e poi la destra sulla sinistra. Con la coda dell'occhio vedevo, nella specchiera dell'armadio, l'incrociarsi delle sue cosce e l'ombra dei suoi scuri recessi, ormai senza più mistero per me.

Caterina, cominciò col dirmi, era figlia di un capomastro che proprio mentre stava facendo un po' di fortuna in Svizzera, dove emigrava stagionalmente, era morto sotto il crollo di un'impalcatura. La moglie, sempre rimasta al paese con l'unica figlia, era sopravvissuta di poco al marito. Alla sua morte la figlia, che aveva appena finito le scuole elementari, era stata presa in casa da una zia paterna rimasta nubile e dalla nonna. La zia era sorda e malata di diabete, la nonna vecchia e mezza paralizzata. L'orfana, che aveva carattere, cominciò presto a trovare irrespirabile l'aria di casa. La gran parte del suo tempo, fuori dalla scuola, la passava dal suo curato, don Galimberti, che aveva preso a proteggerla e se ne serviva per le commissioni nei paesi vicini o per le piccole incombenze della parrocchia.

Don Galimberti, che le faceva da padre, aveva pensato a metterla in un collegio di suore, ma Caterina non aveva resistito più di un anno, dopo il quale si era messa a frequentare le scuole pubbliche, venendo ogni giorno col tram nella nostra piccola città.

Chissà quante volte l'avevo incontrata, mescolata con le coetanee della sua valle, nei gruppi di studenti di campagna che scendevano al capoluogo ogni mattina e tornavano al pomeriggio nei loro paeselli.

Ma fino a quel punto la storia di Caterina mi era nota. Lei stessa mi aveva parlato di suo padre, di sua madre, del suo anno di collegio e degli incarichi che le affidava il vecchio curato del suo paese.

La prima cosa nuova che venni a sapere da Teresita e che mi sorprese straordinariamente, fu la rivelazione d'una visita compiuta dal curato don Galimberti in casa mia. Informato da qualcuno sui miei rapporti con la sua parrocchiana e pupilla, e forse dopo aver messo alle strette Caterina, si era creduto in dovere di parlare con i miei per sondare la serietà delle mie intenzioni e anche per accertare la mia consistenza economica. Mio padre non me ne aveva mai parlato, forse per timore che cambiassi idea e convinto che una fidanzata era proprio quello che occorreva per togliermi dal Metropole e avviarmi verso una regolare sistemazione. Ma al comportamento di mio padre avrei pensato in seguito. Quel che mi premeva era di non perdere l'entrata in scena del Dionisotti, che Teresita stava introducendo nel suo racconto.

A sedici anni, disse, finite le scuole medie, a che cosa poteva dedicarsi una ragazza di paese se non a qualche modesto impiego, in attesa dell'età giusta per il matrimonio? Ma Caterina, che non aveva necessità di un guadagno immediato, si contentava di aiutare il suo curato nell'amministrazione dell'asilo infantile, dell'oratorio e di altre opere parrocchiali. Presidente dell'asilo era il commendator Dionisotti, un anziano industriale di Milano che aveva una gran villa fuori del paese, ai piedi del monte San Giorgio. Caterina, che andava spesso nella villa Dionisotti, divenne amica d'una figlia ventenne del commendatore, Amaranta, e finì col conoscere anche Guerrino, il fratello maggiore di Amaranta, gran cacciatore e sciampagnone, che in villa veniva a ritemprarsi dagli stravizi milanesi.

Col suo sedicesimo anno Caterina aveva raggiunto una certa armonia di forme e un'espressione che era pressappoco quella con la quale era apparsa a me tre anni dopo: un sorriso appena accennato, o meglio l'intenzione di un sorriso, una certa fissità dello sguardo, un'attenzione sempre desta a cogliere il minimo interesse alla sua persona, ma soltanto per arrossirne, quasi avesse timore di venir messa in vista o valutata troppo, anche solo per complimento.

Come fosse stata considerata dal Guerrino Dionisotti era difficile immaginare. Probabilmente, abituato a ben altre immagini femminili, l'aveva giudicata un po' grezza e di poca resa. Per Caterina invece, quel giovane maturo, pieno di forza e di spavalderia, vestito sempre sportivamente, che arrivava e partiva come un fulmine al volante di una spider, doveva essere stata un'apparizione, la rivelazione di un mondo e di una vita della quale poteva aver avuto una idea solo attraverso qualche romanzo. Ma ad attirarla verso di lui non era stata di certo l'aspirazione al suo genere di vita, quanto lo spettacolo di sicurezza e di efficienza che il Dionisotti offriva in ogni occasione e la sua evidente padronanza d'ogni congegno, meccanico o umano.

Un giorno il signor Guerrino, sulla soglia della villa, col fucile da caccia a spalla e il cane vicino alla gamba destra, stava guardando verso il monte. Dei boscaioli gli avevano detto che un gallo di montagna si era abbassato fino alle prime baite e pareva entrato nel bosco del Valeggio. Caterina, che arrivava in quel momento alla villa, si fermò a contemplarlo. Il signor Guerrino abbassò lo sguardo e la vide.

« Vieni con me » le disse. « Fra un'ora torneremo col gallo. »

Senza neppure voltarsi per vedere se Caterina lo seguisse, partì per la montagna.

Solo quando ebbe abbattuto il selvatico, trovandosi vicino Caterina, tornò a guardarla.

« Hai mai visto un gallo forcello? » le chiese mostrandole il pennuto ancora caldo.

Caterina lo guardava in silenzio dal basso in alto e non parlava. Il Guerrino allora strappò dalla coda del gallo una penna nera dai riflessi metallici e glie la porse.

« Guarda come è bella » disse. « È biforcata, a forma di lira. Tienila. »

Caterina la prese e la tenne fra le dita mentre scendeva a grandi salti dietro di lui fino alla villa. Sul cancello si fermò.

« Vado a casa » mormorò. E scomparve con la sua penna nera, che andò a riporre in un quaderno.

Da quel giorno, quando il Dionisotti andava a caccia di pomeriggio, Caterina si trovava sempre sulla sua strada e lo seguiva, come un cane. Finché una volta...

« Ma come fai a sapere tutti questi particolari » chiesi a Teresita girandomi sul fianco.

« Mi ha raccontato tutto lei » rispose stendendo le gambe.

« Ma se parlava così poco! »

« Con te, forse. Con me parlava volentieri. La storia del Dionisotti me l'ha raccontata punto per punto, con tutte le sfumature. Pareva che ci trovasse gusto, come se si fosse trattato di un'altra e non di lei. »

Appena Teresita riprese il suo racconto mi girai di nuovo verso il lago sul quale scendeva una cortina fittissima di pioggia.

« Un giorno dunque » riattaccò « dopo aver seguito tre o quattro volte a caccia il Dionisotti che al pomeriggio vagava per i boschi non lontano dal paese, Caterina corse rischio di far la fine d'un gallo forcello o di una coturnice, cioè di lasciarci le penne. »

Il signor Guerrino, come Caterina chiamava sempre il Dionisotti, dopo una lunga camminata durante la quale aveva sparato invano a qualche volatile fuori tiro, si era seduto sopra un ceppo, davanti a una cascina disabitata. Posato il fucile nell'angolo tra lo stipite e la porta chiusa del casolare, se ne stava a guardare in giro, mentre Caterina scherzava col cane sull'aia.

« Vieni qui, Caterina » disse improvvisamente dopo essersi fermato con lo sguardo sulla ragazza.

Caterina accorse. Lui la prese per un braccio e cominciò a studiarla da capo a piedi come se non l'avesse mai vista. La ragazza ebbe un fremito.

« Hai freddo? » le domandò.

Caterina abbassò gli occhi e non rispose. Allora, come se si trattasse di aprire un pacco e con l'indifferenza quasi sprezzante di chi si aspetti di trovarvi roba di poco conto, il Dionisotti cominciò a sbottonarle la camicetta. Col capo basso e le braccia abbandonate lungo il corpo, lei lasciava fare. Giunto al quarto o al quinto bottoncino, il Dionisotti, che durante l'operazione fissava in viso la ragazza, abbassò lo sguardo e vide che sotto la camicetta c'era una grossa maglia di lana abbastanza accollata, di quelle fatte a mano. Più in basso, all'altezza del seno che si modellava appena, appariva l'orlo di una sottoveste di rayon, color ciclamino. Sul bordo della maglia, appena sotto il pozzetto alla base del collo era appuntata, con un po' di refe bianco, una medaglietta di alluminio. La prese tra le dita e avvicinò il viso a guardarla. Sul recto notò l'effigie di una santa e tutt'intorno la scritta *Santa Caterina Labouré*. La voltò e sul verso lesse: *O Maria concepita senza peccato pregate per noi*.

« Chi te l'ha fatta questa maglia? » chiese.

« Mia nonna » rispose Caterina.

« E questa medaglietta? »

« Me l'appunta mia zia ogni settimana quando cambio la maglia. »

Il Dionisotti si alzò, prese il fucile, chiamò il cane che scorrazzava in un prato e cominciò a precipizio la discesa, seguito dalla ragazza che tra un salto e l'altro si andava abbottonando la camicetta.

Teresita fece una pausa, durante la quale una macchina si fermò davanti al cancello, sotto la pioggia. Mi sollevai sul gomito e vidi l'ispettore Vecchioni che usciva faticosamente dallo sportello, mentre l'autista gli teneva aperto un ombrello sopra la testa.

« È arrivato tuo padre » dissi.

« Non importa » rispose con calma Teresita. « Mi copro e vado a salutarlo. Intanto vestiti, che poi ti farò uscire quando lui sarà nel suo studio a leggere. Il resto della storia, cioè il meglio, te lo racconterò domani. »

VII

L'indomani mattina ero al Metropole, dove la compagnia dei giocatori di carte con l'arrivo dell'estate si era disfatta. La buona stagione portava i turisti, che certi giorni riempivano l'albergo. Nella camera numero nove, mi disse lo Sberzi, c'erano due persone anziane, marito e moglie.

Ecco come sono gli alberghi, mi dicevo: quando ci andiamo e ci assegnano una camera, non pensiamo a chi ha usato quei mobili, a chi li userà, a chi ha guardato da quella finestra, a chi vi guarderà. La camera non conserva alcuna traccia di chi l'ha abitata, o forse solo qualche capello negli interstizi tra le mattonelle, magari una forcina dietro le assi dello zoccolo o un bottone finito in un angolo. Segni di chissà quali passioni. Sarei salito, al numero nove, se non ci fossero stati i due coniugi, per cercare una traccia di Caterina. Non avrei trovato nulla, ma la tappezzeria, le tendine di saia, la sovracoperta bianca coi disegni in rilievo, il lampadario a tre luci e le due bocce di opalina sui comodini, me l'avrebbero ricordata, con le gambe allungate sotto le coperte e la schiena appoggiata alla testata, come la trovavo entrando dopo mezzanotte, quando mi aspettava da tre o quattro ore rifacendo nella mente tutti i passi che l'avevano condotta a quel letto d'albergo. Allora nulla mi poteva impedire di averla per sempre, di sposarla, di portarla a casa mia, come forse mio padre si aspettava che facessi, per poi trovare un impiego, in banca o al municipio, avere dei figli e vivere come gli altri, cioè come tutte le persone assennate, tra una partita al caffè, la passeggiatina domenicale con la famiglia e la pesca alla canna sui moli del porto, tribolando solo quel tanto che è inevitabile, ma senza espatriare o andar lontano. « Beati quelli che rimangono al paese » diceva mia madre. E non aveva torto, anche se poi, da vecchi, deve venir voglia di buttarsi dai moli sui quali si è tanto pescato, come aveva fatto il ragionier Rigamonti proprio in quei giorni, per la rabbia d'aver sprecato la vita. Ero convinto, quella mattina, di aver capito tutto. Mi vedevo, con la figlia di un orefice o quella di un pasticciere che avrei finito col prendere in moglie, percorrere gli anni che mi restavano, gioventù, maturità e vecchiaia, passando dalla noia al disgusto. Solo Caterina avrebbe potuto salvarmi. Sempre così: quel che si perde è il meglio, quel che si trova è il peggio. Se poi, per disperazione più che per vendetta, mi fossi annidato nel villino dell'ispettore Vecchioni, diventando il marito di sua figlia, la mia disfatta sarebbe stata completa. Gli amici di Teresita, che mi guardavano con dispetto da quando mi ero messo a frequentare il villino, avrebbero avuto materia per ridere alle mie spalle tutta la vita.

Verso le cinque pomeridiane andai da Teresita, deciso a bere il mio calice di fiele fino all'ultima goccia. Quando, venendo a sedersi davanti a me nel salottino, Teresita mi domandò se ero pronto a saper tutto su Caterina, finsi una certa indifferenza.

« In fondo, so già tutto » dissi.

Dopo la volta dello sbottonamento — cominciò allora — il Dionisotti se n'era andato per un paio di settimane a Milano. Caterina vagava intorno alla villa guardando le finestre chiuse. Ormai era colpita a morte e come un francolino o una coturnice ferita, roteava intorno al cacciatore in attesa del secondo colpo per far cessare lo strazio che la divorava.

Finalmente il Dionisotti tornò. Non c'erano più tordi di passaggio, ma cominciavano ad arrivare, col primo freddo, le viscarde. Così almeno disse a Caterina, che si trovò tra i piedi uscendo dalla villa col fucile a spalla e senza il cane. La ragazza gli si mise dietro, come altre volte, ma il Dionisotti non la volle con lui.

« Ho improvvisato una specie di capanno » le disse. « Ci vado col Bevilacqua. Se vuoi, vieni stasera in villa, appena buio. Sono solo. »

Teresita notò che cominciavo a non star comodo nella poltrona, ma andò avanti senza pietà.

Il Dionisotti — continuò — sul cadere del pomeriggio era davanti al camino acceso, nel salotto giallo. Caterina, che aveva trovato tutte le porte aperte, comparve sulla soglia del salotto.

« Hai chiuso la porta d'entrata? » le chiese il Dionisotti voltandosi.

Caterina tornò indietro, andò nell'atrio, chiuse la porta, poi rientrò nel salotto e andò fino al camino.

« Possibile » esclamai « che ti abbia raccontato tutti questi particolari? »

« Certo » disse Teresita. « Momento per momento. Pareva la storia di Cappuccetto Rosso. »

71

Quando fu – riattaccò con gusto – tra lui e la fiamma, il Dionisotti la invitò a spogliarsi, in piedi come stava. « Voglio vederti » le disse « alla luce del fuoco, come un'anima del purgatorio. »

Caterina, senza parlare, cominciò col togliersi lentamente una giacca di maglia che aveva indosso, poi la camicetta e la gonna. Quando fu alla sottoveste si fermò.

« La medaglia! » esclamai.

« Quale medaglia? »

« La medaglia di Santa Caterina Labouré. »

Non funzionava più, disse Teresita. Infatti anche dopo quella sera la portò ancora, ma in uno scomparto del borsellino. Dunque, alla sottoveste si era fermata. Ma il Dionisotti gridò: « Avanti! ».

Frustata dagli *avanti!* che il suo carnefice scandiva a ogni perplessità che la cogliesse, presto fu nuda completamente, senza neppure le scarpe. Alzò allora la testa a guardare il soffitto per non incontrare lo sguardo del Dionisotti e incrociò le braccia sul petto.

« Proprio un' anima del purgatorio! » esclamò quel boia. Così dicendo le posò una mano sulle reni e cominciò a percorrerle le cosce, il ventre...

« Basta, basta » la interruppi « il resto si può immaginare! »

« No, che non si può immaginare! » insistette Teresita. « Devi ascoltarmi! Non volevi sapere tutto? Tanto, che effetto ti può fare? »

Dovetti ascoltare e quasi assistere allo strazio di Caterina, che accettò tutto, fino all'ultima ignominia, decisa a gettarsi, alla fine, dentro il grande camino pieno di brace e di fiamme. Voleva proprio buttarsi. E lo disse. Ma lui, tranquillo, « Buttati » le diceva « buttati pure, se ne hai il coraggio ».

Caterina non solo si era guardata bene dal buttarsi, ma da quella sera aveva preso a frequentare regolarmente la villa.

« E il prete? » domandai col cuore in gola tanto per dire qualche cosa e soprattutto per deviare il discorso.

Teresita mi spiegò che don Galimberti era un uomo candido, senza malizia, che adorava il signor Guerrino e tutta la famiglia Dionisotti. Non avrebbe creduto a Caterina neppure in confessione.

Quando Teresita ebbe finito, mi restò da considerare il fatto che Caterina era rimasta legata al suo amante per ben tre anni. Divenuta assidua e grande amica della Amaranta Dionisotti, spesso si fermava a dormire in villa, con prevedibili passaggi notturni da stanza a stanza. Dopo il settembre, quando i Dionisotti rientravano a Milano, il signor Guerrino restava solo al paese per la caccia fino a novembre, poi vi ricompariva ogni sabato e domenica, fino alla primavera e qualche volta anche a metà settimana. Nel giro di tre anni o quasi il signor Guerrino, dapprima indifferente o solo curioso, aveva finito con l'innamorarsi di Caterina al punto di proporle il matrimonio. Fu a quel momento che la ragazza ebbe come un risveglio: rifiutò la proposta e non si presentò più in villa. Ebbe addirittura orrore dell'amante, come se solo allora si fosse accorta della situazione nella quale viveva.

Il Dionisotti, che stava per entrare nel quarantesimo anno di età e che non aveva stima di nessuna donna del suo ambiente, mise all'opera anche il povero don Galimberti per raggiungere il suo scopo, ma tutto fu invano.

Proprio allora, pensai, l'avevo trovata un pomeriggio nella sala d'aspetto della tramvia e la sera stessa mi ero seduto con lei sul gradino di accesso alla chiesetta di Sant'Anna. Lo dissi, a Teresita, e rammentai che il Dionisotti, il quale in quei giorni era al paese, informato del nostro incontro, aveva minacciato di fulminarci entrambi con la sua doppietta se ci avesse colti insieme. Caterina, che temeva più per me che per lei, scomparve.

« Sì » disse Teresita. « Si fece mandare da don Galimberti in una colonia montana come assistente o sorvegliante. Ma non resistette. Tornò infatti dopo sei mesi, decisa a sfidare le ire del signor Guerrino. Il quale intanto, forse passato ad altri amori, aveva cominciato a disertare la valle. »

Alla fine di quel pomeriggio, con quel pesante bagaglio di rivelazioni, me ne andai senza esprimere alcuna opinione su Caterina e sui suoi trascorsi. Avevo fretta di trovarmi solo e all'aria aperta per dare sfogo all'angoscia che mi aveva stretto la gola per due ore. Sarei andato anche dallo Sberzi a sfogarmi, a raccontargli tutto e a farlo giudice del comportamento di Caterina. Ma ero convinto che non avrebbe capito nulla. Ci sarebbe voluto il conte Nazzari. Lui solo, con la sua esperienza del mondo e con la sua sottigliezza di spirito, avrebbe potuto spiegare il meccanismo mentale di Caterina e far risultare ogni suo gesto, anche il più turpe, magnifico e segnato da quella necessità o impellenza che viene imposta dalla natura a certe anime capaci di un massimo di incandescenza. Ma il conte era in chissà quale recesso delle Ande, e io ero solo, davanti ai miei enigmi.

Per prepararmi alla battaglia della quale andavo intravvedendo il piano dentro di me, decisi di non farmi più vedere in casa Vecchioni. Anche Caterina aveva cominciato la sua nuova vita con un'amputazione netta, quando si era proibita la soglia della villa Dionisotti. Dovevo cominciare, a mia volta, con una rinuncia e con un gesto di purificazione.

Teresita, che aveva finalmente capito la ragione del mio attaccamento, non se ne dolse. Mi cancellò dal suo calendario e tornò sul campo di tennis vicino all'imbarcadero a far risplendere al sole i suoi emisferi. Io invece mi misi in tram per andare alla ricerca di un'altra amica di Caterina, quella che la copriva davanti alla zia quando veniva a passar la notte al Metropole. Non mi sarebbe stato difficile rintracciarla, perché sapevo che era levatrice e che abitava nel più grosso comune della valle. L'importante era non farmi vedere troppo in giro, conosciuto com'ero a tutte le fermate del tram, e soprattutto non incappare nel Tibiletti. Dopo tanta indifferenza al rombo della sua Galloni, mi trovai ridotto a nascondermi dietro una pianta o dentro un viottolo appena sentivo sopraggiungere una motocicletta.

Con l'aiuto di un messo esattoriale riuscii ad avere l'indirizzo della levatrice, che si chiamava Adelaide Biotti e abitava in un villino isolato, a metà strada tra due paesi.

Dopo averla appostata lungamente, mi misi alle sue spalle una mattina mentre rientrava e riuscii a infilarmi in casa sua quasi di sorpresa.

« Ho bisogno urgente di parlarle » le mormorai all'orecchio, seguendola dentro la porta che aveva appena aperto. Abituata a gente che andava a chiederle delle pratiche illecite, si preparò a buttarmi fuori con una faccia che avrebbe intimorito anche il Dionisotti. Ma le feci subito il nome di Caterina e le dissi chi ero. « Vengo » aggiunsi « perché sono in grave torto con Caterina e vorrei riparare ai miei errori, se lei è disposta ad aiutarmi. »

Senza rispondermi, mi fece segno di sedere ma non posò la borsa.

« Sono venuta a casa » disse « per prendere delle carte. Debbo andare subito in municipio. »

Aprì infatti un cassetto e prese una busta che ripose nella borsa.

« Ci è voluta una bella testa » riprese « per farsi portar via da un macellaio una ragazza come Caterina! »

« Mi lasci parlare » implorai cercando di trattenerla. « Vedo che lei sa già tutto. »

« Se vuole parlare » rispose « venga un altro giorno, perché ora non ho tempo. Il dottor Trigona mi aspetta. Ma oramai è inutile che lei si dia da fare: doveva pensarci prima. »

Si guardò fugacemente in uno specchio, si aggiustò il tailleur che indossava e mi indicò la porta.

« Venga domani a quest'ora » disse. « Ma non si faccia vedere. Passi attraverso i campi. Non voglio pettegolezzi. »

Avevo appena avuto il tempo di guardarla, e andando via mi domandai con quale criterio e secondo quali affinità Caterina scegliesse le sue amiche. La Biotti era una donna sui quaranta, dura, energica, sbrigativa, che non capivo cosa potesse avere in comune con una ragazza di vent'anni, posseduta da passioni che nessuna levatrice era in grado di curare.

Ma probabilmente Caterina le amiche non le sceglieva: le capitavano, e se ne serviva, non per calcolo, ma perché venivano a trovarsi nel suo gioco o semplicemente sulla sua strada. Mi chiesi se non ne avesse altre di amiche, oltre Teresita e la levatrice, magari più intime, più simili a lei, che non mi aveva mai nominate e che aveva tenuto nascoste per discrezione o per prudenza.

VIII

Il giorno dopo, accolto un po' più gentilmente dalla Biotti, mi accorsi di averla giudicata male. Era una donna indulgente, comprensiva, forse pietosa, certamente generosa, pronta a prestarsi e a intervenire, non solo nei parti, ma anche in quegli ingravidamenti sentimentali dei quali tanto io che Caterina davamo un pietoso esempio.

Benché abituata alle doglie delle partorienti, che erano qualche cosa di molto reale, dimostrò di capire anche il mio astratto travaglio e seppe vedervi quel che non volevo ammettere: il dirompere di una passione non capìta agli inizi, con la quale mi ero trastullato come un ragazzo che stuzzichi un ordigno esplosivo. Proprio un ragazzo, diceva, non maturo e incapace di entrare non solo nel cuore, ma neppure nella testa d'una donna, perché Caterina a vent'anni e forse già fin dai sedici anni, era donna compiuta, in quanto l'essere femminile ha in sé, per natura, il senso giusto dell'amore, quello dal quale non si scappa, per quante fantasie o astuzie si possano escogitare.

L'Adelaide Biotti la sapeva lunga sull'amore. Era nubile e viveva sola, ma aveva fatto le sue esperienze. Quando si rese conto che sapevo tutto sul passato di Caterina, mi lasciò capire che attraverso il "signor Guerrino" poteva essere passata anche lei a suo tempo, perché erano vent'anni che quel demonio imperversava nella valle. Era stato fra i primi a portare l'ondata fascista nei paesi sotto il San Giorgio e il Cinque Termini. In camicia nera e con il pugnale alla cintola, stregava le ragazze e impauriva i giovanotti. Ricco, sempre al volante di macchine strepitose, pronto di borsa e di mano, a quarant'anni, quanti ne aveva ormai, poteva venir considerato il "padre della valle", tanti erano i figli che gli attribuiva la voce popolare. Perché oltre che alle ragazze, si dedicava alle donne sposate, delle quali accelerava la maturazione coniugale.

Capitata in quelle mani all'età di sedici anni, la povera Caterina non aveva avuto scampo. Cacciatore senza scrupoli e senza pietà, il signor Guerrino l'aveva schidionata come un beccafico, tra dozzine di tordi, di pettirossi e di fringuelli. Restava, a parziale scarico di quell'animale, solo il momento di perplessità che l'aveva colto, al primo tentativo, quando si era trovata sotto agli occhi la medaglietta che Caterina aveva appuntata sulla maglia.

La Biotti non aveva avuto confidenze da Caterina sulla sua prima caduta. Sapeva che era stata vittima del Dionisotti perché la storia era nota a tutta la valle, salvo che alla nonna e alla zia della ragazza. C'era chi teneva il conto delle conquiste del Dionisotti, che d'altra parte non si preoccupava di nascondere le proprie imprese.

All'Adelaide, con la quale era entrata in amicizia dopo la rottura con Teresita, Caterina aveva raccontato soltanto la storia dei suoi rapporti con me, anche per giustificare la richiesta che intendeva farle, e che le fece, di ospitarla qualche notte, per dare il carattere di un'innocente abitudine alle sue assenze notturne da casa. I telefoni erano ancora privilegio di pochissimi, e alle due anziane tutrici non sarebbe stato possibile verificare la presenza effettiva della nipote presso la levatrice, che stava a due o tre chilometri da casa loro. Che Caterina avesse un'amica, un appoggio e uno sfogo fuori casa, alla zia non dispiaceva: la nipote aveva ormai vent'anni e non poteva restare attaccata alle sottane di due vecchie.

Uscendo da quella casa, sentii d'aver trovato una alleata nel mio piano di riconquista. Tornai quindi assiduamente a consultare la Biotti, riuscendo a stabilire con lei quella specie di parentela che nasce tra il salvatore e il salvato e per la quale chi ha compiuto un salvataggio non riesce più a liberarsi del suo beneficato.

Quasi ogni pomeriggio prendevo il tram, scendevo ora a una fermata ora all'altra per non farmi notare troppo, e dopo larghi giri approdavo alla casa della levatrice, che era isolata e con un piccolo giardino intorno. Se la donna era fuori per il suo lavoro, mi sedevo sotto un ciliegio dietro casa e l'aspettavo.

Finii con l'andare da lei anche di mattina, insospettendo certamente qualcuno, perché l'Adelaide un giorno mi disse di aver avuto notizia, in farmacia, d'un pettegolezzo secondo il quale veniva data come subentrante alla sua giovane amica Caterina.

Era una semplice maldicenza che aveva raccolto davvero, purtroppo, e non una larvata proposta o un sondaggio come avrei voluto che fosse, tanto mi pareva di poter supplire almeno in parte alla perdita di Caterina con l'appropriazione anche solo provvisoria di tutte le sue amiche.

La Biotti, che aveva passato i quarant'anni e mostrava maniere un po' mascoline, aveva fama di aver resistito all'assedio di vari medici, di alcuni gerarchi del fascio e in particolare d'un prefetto, che impazzito per lei, tentò di farla nominare levatrice provinciale. Nella prima gioventù, all'età di vent'anni, era stata in amicizia col Dionisotti. Ma dopo, e per tutto il corso della sua carriera di levatrice, nessuno aveva potuto vincere la sua tranquilla determinazione a un'astinenza assoluta, non rara nelle donne come negli uomini, e non sempre dovuta a gusti secondari. Il suo stesso mestiere del resto, esigeva un certo contegno. La levatrice nei paesi godeva a quei tempi molta considerazione, e chi le si affidava la voleva staccata dalle preoccupazioni famigliari e tutta disponibile per il suo compito, che non era da poco, perché i pediatri erano di là da venire e le donne partorivano in casa. Infermiera e quasi medico, la levatrice era spesso anche la confidente delle giovani madri e comunque un'autorità, dopo il medico, il curato e il maresciallo dei Carabinieri.

Sul cancelletto della casa dell'Adelaide, intorno a un disco smaltato che aveva al centro il bottone del campanello, si leggeva il suo nome e cognome poi la parola *Ostetrica*, che metteva in rispetto i contadini e faceva il suo effetto anche su di me, quando arrivavo a quella soglia.

L'Adelaide era stata bella, a parere di chi l'aveva conosciuta ragazza. Ma col passare degli anni si era come disseccata e indurita fino ad assumere un aspetto neutro, anche per effetto del suo vestiario, che era formato esclusivamente da una serie di tre o quattro tailleur.

Quando parlava con me non stava mai ferma. Passava dall'uno all'altro dei due o tre locali al pianterreno della sua casa, metteva qualcosa in ordine, sfogliava dei moduli o prendeva annotazioni, ma prestando attenzione alle mie parole e rispondendo sempre a proposito. Se il discorso lo richiedeva, si fermava, appoggiata alla mensola del camino e mi apostrofava animatamente.

Certe volte, per essere più libera nei movimenti o perché era accaldata, si toglieva la giacca del tailleur. Non potevo allora non accorgermi di una sua non trascurabile consistenza. Era, come si dice, "in carne". Se non fosse stato per il cipiglio, che sembrava studiato apposta per scoraggiare qualunque approccio, anche il suo viso severo poteva risultare gradevole. Aveva gli occhi scuri, i capelli lunghi, d'un bel castano lucido e stretti in un'acconciatura un po' all'antica. Che non se li fosse tagliati corti, secondo la moda di quegli anni, voleva dire, secondo me, che aveva carattere. Ma era anche il segno d'un certo compiacimento che provava nell'esser donna, con attributi femminili tali che nessun tailleur e neppure il suo passo un po' militaresco riuscivano a menomare.

Più di una volta, sentendomi ormai ben accetto in casa sua e vedendo che non temeva più, ricevendomi, l'offensiva delle male lingue sempre in agguato, mi ero chiesto se non fosse il caso di manifestarle un'amicizia e una devozione un po' meno che filiale.

Il riuscire là dove era fallito un prefetto, il metter mano dove avevano dovuto ritirarsi gli irresistibili della valle e forse lo stesso Dionisotti, sarebbe stato oltre che un compenso a ciò che avevo perduto, un buon medicamento per la mia ferita.

Era un pensiero che coltivavo a freddo, mentre viaggiavo in tram alla volta della sua casa o che mi perseguitava nelle ore d'insonnia. Ma quando ero davanti a lei i miei progetti sfumavano nel nulla. Le frasi che avevo studiato per rompere il ghiaccio mi apparivano così stonate, che me ne vergognavo con me stesso e mi affrettavo a dirigere il mio discorso verso il suo oggetto ideale, che era il maneggio necessario a ottenere un incontro con Caterina.

Tutte le volte che entrando nel salotto dell'Adelaide mi sentivo dire: "Ieri sera è stata qui, era seduta su quella sedia, ha bevuto dell'acqua in questo bicchiere", avevo l'impressione d'esser preso in un incubo o in un brutto sogno, nel quale arrivavo sempre un minuto dopo che Caterina era stata in un posto, per correre in un altro e venir a sapere che anche da quello era appena andata via.

Sarebbe bastato che l'Adelaide mi tenesse in casa fin dopo cena, per farmi incontrare con Caterina. Ma era ancora presto. Bisognava aspettare, secondo l'Adelaide, il momento giusto. Tanto, non c'era fretta, perché il matrimonio, già rinviato dalla primavera all'estate, era stato rimandato un'altra volta alla fine di ottobre.

Nel corso delle mie visite potei venire in chiaro di molte cose. Caterina aveva pianto per tutto un pomeriggio, il giorno in cui doveva cominciare il suo "servizio" notturno al Metropole. Non tanto per la vergogna di quel passo, quanto perché la mia proposta l'aveva persuasa di non contare più nulla per me. Seppi che nei mesi della mia assenza aveva raffinato e portato al massimo di purezza il suo amore, e che al mio ritorno, quando era venuta all'appuntamento che le avevo fissato sul lungolago, rivedendomi e pensando che ero tornato per sempre a lei, credette di aver raggiunto il culmine della sua vita. Il ritratto di Caterina che usciva dalle parole dell'Adelaide mi entusiasmava, tanto che imploravo consigli, e più ancora ordini, da seguire ciecamente e a qualunque costo, pur di arrivare al cuore di Caterina, che non poteva essermi stato chiuso per sempre se era di una simile tempra.

Per darmi il colpo di grazia, la Biotti mi rivelò che una volta, tornando dalla notte passata con me al Metropole, Caterina era arrivata a casa sua nel pomeriggio in uno stato di così grave prostrazione da farle pensare che stesse per venir meno. La mise a letto, poi, colta da un sospetto, aprì la borsetta che la ragazza aveva lasciato nel salotto e vi trovò, nascoste in un fazzolettino, alcune compresse. Caterina le confessò che si trattava di sublimato corrosivo, che si portava dietro da due giorni in attesa di trovare il coraggio per inghiottirle.

« Fu allora » disse l'Adelaide « che per distoglierla da quegli insani propositi, la indussi a considerare la straordinaria dedizione del Tibiletti, il quale soffriva per causa sua le stesse pene e cercava come lei di morire per far cessare il suo strazio. Alle mie parole fu presa da una tale compassione per quel disgraziato, che lo volle vedere subito. Andai a cercarlo, glie lo portai davanti, qui a questo tavolo, e li lasciai soli nella speranza che, come due naufraghi aggrappati allo stesso tronco, si salvassero insieme. »

L'immagine dei due naufraghi che si salvavano insieme a mie spese, mi riportò alla mente il Dionisotti. Qualche giorno avanti, parlando col dottor Trigona al Metropole, avevo saputo che l'accorciamento della gamba del Tibiletti era stata la conseguenza d'uno scontro con l'automobile del Dionisotti. Si diceva addirittura che il Dionisotti avesse profittato d'uno sbandamento in curva del motociclista per allargare a sua volta e rendere inevitabile l'urto. Il Tibiletti aveva riportato una frattura esposta con perdita di frammenti ossei, ma l'intenzione del Dionisotti, che lo sapeva innamorato di Caterina, era stata quella d'inchiodarlo sul muro.

In diverso modo dunque, Caterina e il suo fidanzato erano stati parzialmente macellati dal Dionisotti e potevano considerarsi sue vittime, destinate a unirsi per metter insieme le loro mutilazioni. Non era quindi a me che Caterina veniva sottratta, ma al suo primo seduttore.

La personalità del Dionisotti mi appariva così dominante sulle vicende dell'intera valle, che trovai quasi naturale e anzi onorifico essere esposto anch'io alle sue grandi ire e sapermi individuato da lui, benché non mi avesse mai conosciuto di persona. Non mi aveva mai visto, a quanto mi risultava, ma sapeva di certo chi ero e quale fosse il mio piccolo peso. Lo stesso dottor Trigona poteva averlo ragguagliato esaurientemente. Anch'io, se mi fosse capitato d'incontrarlo lo avrei riconosciuto a naso, benché non avessi idea del suo aspetto. A Caterina mi ero guardato bene dal far domande: temevo di uscire sminuito dal confronto. Solo l'Adelaide me lo poteva descrivere.

« È un pezzo d'uomo » disse con evidente compiacimento quando la interrogai sul Dionisotti « alto un metro e ottanta. Ha la testa piuttosto piccola in confronto al corpo, ma la sua faccia ha un'espressione di grande energia: somiglia a Mussolini. »

« Mussolini » osservai « ha un testone da Re Carnevale ed è piuttosto basso di statura. »

« Volevo dire » riprese « che ha un aspetto imponente: occhi rotondi e aggrottati, labbra sporgenti, mento ben pronunciato e narici aperte, da uomo violento e vorace. Infatti è di buona bocca: si dice che abbia fatto fuori una dopo l'altra anche le figlie del dottor Trigona, che sono di una bruttezza rara. »

« Ma non sono amici col dottor Trigona? » domandai.

« Certo che sono amici. Ma il signor Guerrino non rispetta nessuno. Il dottore ha lasciato fare, nella speranza di un matrimonio. Il matrimonio non c'è stato, ma una delle due ragazze, la più brutta, è stata chiesta in moglie dal geometra Usuelli proprio perché era stata messa in luce dal Dionisotti. Se è piaciuta al signor Guerrino, deve aver pensato l'Usuelli, una ragione ci dev'essere. Il signor Guerrino fa di tutto per somigliare al Duce: protende la mascella, tiene le mani sui fianchi e butta in fuori il petto. Se vuoi vederlo non hai che da andare domenica prossima a Milano. Lo vedrai in divisa di centurione della milizia e con tanto di sciarpa littoria sul palco delle autorità in piazza del Duomo, insieme al Federale e agli altri pezzi grossi: domenica Mussolini tiene un discorso a Milano. Potrai confrontarlo con l'originale. »

Non ebbi neppure per un istante la tentazione di andare a Milano. Al Dionisotti avevo assegnato la parte d'un fantasma e non mi importava vederlo in faccia. Il mio ostacolo, al momento, era il povero Tibiletti, contro il quale stavo muovendo le mie pedine.

L'impresa non mi sembrava difficile, perché il mio avversario era remissivo e avrebbe accettato le decisioni di Caterina senza reazioni violente. Purché maturassero quelle decisioni! Da tempo l'Adelaide informava l'amica delle mie visite e le parlava del mio pentimento, dipingendomi nel miglior modo possibile. Ma esitava a proporle un incontro con me.

« Se non ci arriva spontaneamente » diceva « è inutile pregarla e tentare di commuoverla. Bisogna lasciare che le parli il cuore; se le parlo io si chiude e continua per la sua strada, anche se la scelta che ha fatto in un momento di sconforto l'ha già delusa. Bisogna aspettare che apra gli occhi. »

Li avessi aperti almeno io gli occhi! Ma l'uomo innamorato, e peggio ingelosito, è destinato a dar nei muri con la testa, al pari d'un cieco quando inferocisce.

IX

Venne finalmente il momento atteso e temuto dell'incontro. Convinta dall'Adelaide che desideravo parlarle per l'ultima volta, Caterina arrivò un pomeriggio in casa della levatrice.

Quando entrò ero seduto in salotto con i gomiti puntati sul tavolo di mogano, nel cui lucido mi specchiavo per non guardarla in faccia. Fu la sua voce a riscuotermi, una voce né forte né spenta, di pochi toni ma armoniosa. Per risentire, dalla sua voce, una parola di perdono, ero pronto a tutto, e glie lo dissi, appena si fu seduta al tavolo, di fronte a me.

Mi guardò un momento, mentre parlavo, schiuse le labbra che avevano già baciato il Tibiletti e mi lasciò dire.

L'Adelaide, che era andata nella sua camera da letto al piano superiore, scese con la borsa al braccio, ci salutò con un bisbiglio e se ne andò.

« Quando andrete via » disse uscendo « mettete la chiave sotto lo zerbino. Il cancelletto potete lasciarlo aperto. »

Uscita l'Adelaide trovai un tono più giusto per la mia perorazione. Un errore dissi, uno smarrimento momentaneo, poteva, doveva venir perdonato. La visita del Tibiletti al Metropole e la lettera che mi aveva portato erano già stati una terribile punizione, con quel che certamente era seguito.

La guardavo cercando di vedere sul suo volto e sul suo corpo le deturpazioni che doveva avervi portato il Tibiletti appena entrato in possesso di tanta preda, ma era come sempre, anzi meglio, con un'aria già di moglie, composta, piena di calma ma ferma e con un presagio d'irremovibilità nella fissità degli occhi e nel movimento che faceva con le guance stringendo i denti di tempo in tempo.

Non avrei mai finito di parlare. Finché durava il mio discorso potevo sperare. Quando avessi finito, sarebbe venuta dalla sua bocca la sentenza.

Appena tacqui si mosse sulla sedia e strisciò i piedi sul pavimento. Per un attimo pensai che si alzasse per andarsene, ma si era trattato solo di un assestamento, o di uno scioglimento dei suoi muscoli rimasti tesi lungamente.

« Posso parlare? » chiese con voce un po' stonata.
Aprii le braccia.

« So che ti sei incontrato con Teresita » disse. « Capisco che tu abbia poi cercato, attraverso l'Adelaide, di spiegarti e di avere una mia spiegazione. Ma anche se non ti fossi mosso, sarei venuta io a parlarti. L'ho pensato fin da quando ti ho mandato quella lettera. Allora avevo bisogno di troncare, ma una volta rotto il legame, avrei potuto parlare. Ti parlo ora, qui, e ti dico che se ho fatto questa scelta, del Tibiletti, non è stato per colpa tua. Tu mi hai solo aiutato, col tuo disinteresse, con la tua freddezza, momentanea, lo credo, a liberarmi di un peso che non potevo più sopportare. Non so cosa ti abbia detto Teresita: forse ti ha raccontato la storia del signor Guerrino, così come l'ha saputa da me, per uno strano bisogno di confidarmi con un'altra donna che mi aveva preso ripensando a quei fatti. Mi pesavano come un incubo. Tre anni. Mi ero assuefatta, a quell'uomo... »

La parola "assuefatta" me ne richiamò un'altra: "adusata", ed ebbi un brivido. Ma si trattava di una cicuta alla quale ero già sopravvissuto, e mi ripresi subito, perché la premessa mi aveva portato in alto mare e una grande inquietudine mi stava cogliendo.

« Quando ti ho conosciuto » riprese « è stato come uscire da una prigione, da una tomba. Ma ormai ero perduta. Fu solo un'estate: quelle gite sui monti, nei boschi, i nostri nascondigli... fino alla notte delle fucilate, all'Alpe Camogia. Appena sei partito ti ho scritto subito, per restare legata a quei giorni, ma a te soprattutto, perché quando il signor Guerrino tornò per le cacce d'autunno e lo incontrai, per la strada... »

« No! » esclamai con un grido soffocato.

Senza far caso alla mia esclamazione, Caterina riprese:

« Mi guardò con un sorriso di scherno e disse: "Stasera ti aspetto. Accenderò il camino".

« Ricominciai a frequentare la villa, come una schiava obbediente. Tutto l'inverno. Quando tornasti, pareva che tu lo avessi capito, perché avevi una faccia conturbata, ostile... Me ne accorsi subito quando ci incontrammo sul lungolago. Ti domandai quando eri arrivato. Lunedì, mi dicesti. Era giovedì. Avevi aspettato tre giorni a cercarmi. Pur non sapendo nulla del signor Guerrino, per tre giorni avevi girato per le strade, eri stato al caffè, avevi parlato con gli amici, senza ricordarti di me. E se te ne eri ricordato, non avevi sentito il bisogno di correre a cercarmi. I miei sentimenti per te erano intatti... »

« Come, intatti? » la interruppi. « E il Dionisotti? Io me lo sentivo, quando ero lontano, che sarebbe riapparso. »

« Il signor Guerrino » spiegò « non era nulla per me. Non è mai stato nulla. Né lui né altri. »

« Cosa vuol dire altri? »

« Altri, altri... L'Orlando, per esempio. Lo vedevo alla stazione, parlavo con lui e certe volte, tra un tram e l'altro, andavamo appena fuori dal paese, nei cespugli lungo la spiaggia del lago. »

Tremavo, visibilmente, ma Caterina non se ne accorgeva e andava avanti, come un chirurgo che taglia senza falsa pietà, per guarire, per liberare da un calcolo o da un tumore il paziente.

« Non ho mai sentito nulla per l'Orlando » soggiunse. « Era solo per una certa inquietudine che mi prendeva, e della quale volevo liberarmi, che andavo con lui. »

« Ma tu hai parlato di *altri*. Quanti altri? »

« Qualcuno, qua e là. »

« Che io conosco? »

« Non credo, forse... »

« Forse chi? Lo Sberzi? Dimmi: anche lo Sberzi? »

« Sì, anche lo Sberzi. Ero convinta che lo avessi immaginato e non te ne importasse gran che. Non me lo avevi mandato tu in camera, mentre giocavi, con la bottiglia dell'acqua minerale? Non avresti potuto portarmela tu la bottiglia? »

« Caterina! Io non ti credo! Non può essere! Tu mi dici queste cose per convincermi a non insistere, a lasciarti andare... »

« Con chi? Col Tibiletti? »

« Con lui » risposi « o con qualcuno che mi nascondi, che c'era già, dietro il Tibiletti. »

« Vedi che allora mi credi » disse con un sorriso quasi divertito.

« Ma quando, come, andavi con lo Sberzi? » chiesi ormai preso nel suo gioco.

« Fingevo di correre a prendere il tram, ma poi tornavo al Metropole appena suonato il mezzogiorno, quando te ne andavi a casa. Ma non sempre, qualche mercoledì o qualche venerdì. Salivo, passando dalla porta del giardino, nella camera numero nove dove lo Sberzi mi portava paste e vino bianco. Alla una e mezza, prima che tu tornassi al caffè, andavo a prendere il tram e tornavo a casa mia. »

« E sua moglie non se ne accorgeva? »

« Credeva che nella camera numero nove ci fossi ancora tu. Lo Sberzi faceva molto in fretta... »

« E il Tibiletti? » domandai.

« Certo, anche il Tibiletti, ma dopo che ti portò la mia lettera. Non prima. »

« Incredibile » mormorai. « Ma perché facevi questo? »

« Te l'ho detto: così, senza accorgermi, quasi. Teresita non ti ha raccontato nulla delle nostre serate? »

« Quali serate? »

« Quando dormivo da lei. Venivano solitamente due suoi amici, dopo cena, quando il professore andava a dormire. Non ti sei mai chiesto cosa mi legasse a Teresita? Mi ero servita di lei per poterti stare vicina qualche ora. Ma lei mi adoperava per invischiare i suoi amici, per servirli di un piatto nuovo, genuino, come usava dire. »

« Così gli amici di Teresita sono stati anche i tuoi? »

« Più o meno » disse.

Un duro nodo si era sciolto in me. Mi pareva di essere ormai sereno, persuaso. Guardavo in giro, per il salotto dell'Adelaide, e vedevo per la prima volta i quadretti appesi alle pareti, la mensola coi ritratti di famiglia, le tendine alle finestre. Tutto era come prima o anche le cose avevano subìto l'urto delle parole di Caterina ed erano mutate? Mi convinsi che nulla sarebbe più stato come prima, neppure i monti, gli alberi, le case. Non c'era oggetto intorno a me che non avesse preso altra consistenza, quasi che la materia della quale è fatto il mondo potesse cambiare al suono di una voce.

Si udì il rombo d'una motocicletta che arrivava e lo stridere dei freni, proprio sotto la finestra.

« È il Tibiletti che viene a prendermi. Addio » disse con calma Caterina.

Si alzò lentamente, mi tese una mano un po' rigida e senza aspettare che mi decidessi a prenderla, la ritirò, si avviò verso la porta e uscì.

Un'ora dopo, quando tornò l'Adelaide, ero ancora seduto a guardare la mia faccia riflessa nel lucido del tavolo.

« Ti è andata male? » mi chiese dandomi del tu per la prima volta.

« Sì » risposi. « Ma non è finita. Ho ancora una speranza. »

Stando immobile al tavolo per un'ora, avevo infatti studiato un contrattacco che avrei sferrato subito, a botta calda. Ma esitavo a confidarmi con l'Adelaide, o meglio me ne vergognavo, perché il mio contrattacco consisteva nel richiedere un altro colloquio a Caterina, e se non me l'avesse concesso nello scriverle una lettera, per dirle che non mi importava nulla del Dionisotti, dell'Orlando, dello Sberzi, del Tibiletti né degli altri, quanti fossero, perché avevo capito che la sua persona era al di sopra di simili evenienze. Mi sarei quindi dichiarato pronto a sposarla e ad amarla per tutta la vita, perché era passata nel fuoco senza bruciare e nell'acqua senza bagnarsi, come in un giudizio di Dio.

L'Adelaide mi lasciò andar via senza farmi altre domande.

X

Quella notte ebbi la febbre. A volte pensavo di alzarmi e di andare a uccidere Caterina, non per punirla, ma perché morisse in stato di innocenza, prima di capire quel che aveva fatto. Poi pensavo che se il mio contrattacco fosse riuscito, vivendo con lei senza lasciarla un minuto l'avrei preservata da ogni riesame della sua vita. Del suo passato avrei fatto niente altro che una preparazione dolorosa ma necessaria al nostro amore. Un amore che non poteva aver avuto origine da un banale incontro dentro una sala d'aspetto, ma che doveva essere il risultato d'una lotta, di uno scorticamento che ci avrebbe resi sensibili come nessuno al mondo. Mi esaltavo, forse a causa della febbre, al punto da pensare che senza vederle quella girandola d'uomini intorno, non avrei neppure potuto amarla. Fossero stati cinquanta o cento, l'avrei amata ancora di più. Quanti, mi dicevo, hanno cercato invano in lei quello che io solo ho trovato. Ridessero pure i vari Dionisotti, Orlando, Sberzi e altri: non avevano avuto nulla da lei, che invece si era arricchita, solo per me, anche di quel poco che loro potevano dare, ombre e non uomini.

Quando venne mattina e mi alzai ormai senza febbre ma sfiaccato dalla notte insonne, altri pensieri mi colsero. Arrivai al punto di vedere Caterina, sebbene per una semplice ipotesi, non dentro l'aureola di una santa come quella della quale portava il nome, ma nella luce cruda in cui vedevo Teresita: una donna sportivamente generosa del suo corpo, ma senza anima. Andavo anche oltre e fino al punto di considerarla dedita al commercio ambulante di sé, come una certa ragazza della valle, nota per le sue prestazioni non gratuite. Ma erano lampi. Subito mi tornava davanti agli occhi, sempre più fulgente, l'immagine di quella martire che era Caterina: orfana, indifesa, senza vere amiche, irretita da un perfido individuo che dopo averla disorientata l'aveva lasciata in un deserto, a brancolare tra le insidie d'un difficile cammino, esposta agli agguati dei predoni. E quanti predoni, sciacalli, avvoltoi, le si erano avventati sopra!

Mi venne naturale domandarmi se non fossi da collocare anch'io tra i predoni. Non ero stato il primo a profittare del suo disorientamento appena si era salvata dal Dionisotti? Per quale ragione mi ritenevo l'unico degno di permanere nel possesso di quel bene che Caterina rappresentava per tante persone? Ma quando uscii di casa avevo messo da parte ogni scrupolo o dubbio, più che mai deciso a continuare nella mia bella impresa.

Avevo impiegato tutta la mattinata nella stesura della lettera a Caterina. Probabilmente non glie l'avrei mai spedita, perché in un nuovo colloquio sarei certo riuscito più persuasivo. Meglio parlare che scrivere, anche perché avrei visto subito gli effetti della mia proposta, senza restare sospeso all'attesa di una risposta scritta. La lettera mi sarebbe servita solo nel caso che non avesse voluto concedermi un secondo incontro. Me la infilai in tasca e dopo pranzo salii sul tram della valle pieno di speranze.

Le campagne e i boschi erano gonfi di verde e le pendici dei monti addirittura bluastre, nelle zone d'ombra, tanto era folta la coltre di verzura. Tutto era in rigoglio e in espansione, con l'abbondanza e la frenesia dell'estate quando è al colmo. Anche la mia passione era al colmo e forse stava per fruttificare trionfalmente. Ero quasi allegro, tanto che mi sorpresi a canticchiare un motivo della "Carmen": « Toreador ritorna vincitor ».

Quando fui seduto davanti all'Adelaide che si disponeva ad ascoltarmi con grande serietà, non sapevo come incominciare. Non era facile affrontare l'argomento delle deviazioni di Caterina. Ne arrossivo per lei e anche per me. Tuttavia, brancolando di frase in frase, riuscii a raccontarle tutto: il ritorno di Caterina nella villa del Dionisotti durante la mia assenza, le passeggiate con l'Orlando e i relativi infrascamenti, lo scambio di mano al numero nove con lo Sberzi, le serate in casa Vecchioni con gli amici di Teresita. Una serie tale di cedimenti in grazia dei quali avrei potuto chiedermi, viaggiando in tram o entrando in un bar, se un qualsiasi impiegato, commerciante o figlio di papà che mi sfiorasse, fosse informato sulle intimità di Caterina al pari o meglio di me.

Una volta superato il primo scoglio, che fu quello dell'Orlando, trovai un amaro gusto nel raccontarle con tutti i particolari la faccenda dello Sberzi, che a quanto aveva detto Caterina "faceva molto in fretta", tra mezzogiorno e l'una. Lo descrissi, inventando s'intende, mentre le metteva in bocca i cannoncini e le versava il vino bianco, accanto al letto ancora caldo del mio passaggio.

Era come se fossi stato presente alle imprese di Caterina, tanto le vedevo in atto. Riuscivo perfino a immaginare la sua faccia, rilassata nel consenso, e i suoi occhi, puri e freddi, appannati da una nebbia leggera per pochi istanti, poi rassegnati e tristi.

« Ma cos'è » chiesi d'un tratto all'Adelaide « che vi porta, voi donne, a tanta indifferenza in queste cose? »

« Non è indifferenza » rispose « forse è istinto, abbandono naturale alla nostra sorte. Potrebbe anche essere una specie di vendetta verso gli uomini. Una maniera per nasconderla dentro di noi la vera integrità, in un luogo irraggiungibile. Così almeno mi pare, perché di esperienza diretta ne ho ben poca, avendo deciso assai per tempo di chiuder bottega. »

« Allora, nel caso di Caterina si è trattato di lanzichenecchi? »

L'Adelaide mi guardò interrogativamente.

« Dico lanzichenecchi per dire gente avventizia, estranea, indesiderata, che si è imposta con mezzi illegittimi e in qualche modo ha esercitato una violenza, come gli antichi invasori. »

« Giusto » approvò l'Adelaide. « Perché una donna non si violenta soltanto immobilizzandola o mettendole un coltello alla gola. Il signor Guerrino, per esempio, coi suoi denari, con la sua villa, con la sua importanza nella politica e anche con la sua prestanza fisica, era un uomo che quando metteva gli occhi su di una donna era come una sentenza. Esercitava, più che un fascino, un dispotismo al quale bisognava sottostare. »

« E magari » osservai « se una bella donna non veniva degnata dalla sua attenzione ne aveva a male e si sentiva offesa. »

« Sì, certo. Capitava anche questo, perché il mondo è fatto così. »

Che il mondo fosse così fatto me ne rendevo conto, ma mi pareva impossibile che l'avessero modellato proprio sulla misura del Dionisotti e degli altri come lui.

« E adesso » mi chiese l'Adelaide per cambiar di scorso « cosa farai? »

« Avrò ancora bisogno di lei » risposi « perché stanotte, dopo aver riflettuto sulle rivelazioni di Caterina, ho deciso di non tenerne conto... »

« Come sarebbe? »

« Intanto » ripresi « potrebbe anche darsi che Caterina mi abbia presentato un quadro dei suoi errori artefatto, inventato o almeno esagerato, per mettermi alla prova. Poi, anche se fosse vero, per me Caterina è innocente. Quel che ha fatto, se l'ha fatto, non conta: quando ne parlava era come se mi raccontasse un sogno, una cosa vista ma non eseguita. Mi spiego? »

« Ti spieghi benissimo » disse l'Adelaide. « Ma allora, cosa farai? »

« Dovrò parlare un'altra volta con Caterina per dirle che ho superato tutto e sono pronto a sposarla. Le ho scritto una lettera che lei dovrebbe consegnarle, nel caso che non accettasse di tornare qui per incontrarmi. »

Tolsi di tasca la lettera e glie la porsi. L'Adelaide la mise nella borsetta e si alzò.

« Sarà fatto » disse. « Ma credo che ormai tutto sia inutile. »

Aveva ragione, perché Caterina, dopo aver scorso la lettera in casa sua, l'aveva stracciata lentamente in tanti pezzetti, dicendole che oramai aveva deciso e che nulla l'avrebbe distolta dalla sua risoluzione. Non mi diedi per vinto, e applicando metodicamente il mio piano di battaglia, andai da don Galimberti. Ero deciso a muovere mezzo mondo, se fosse stato necessario, e anche ad affrontare il Tibiletti. Quando avesse saputo come stavano le cose, perché avrei dovuto riferirgli tutto, probabilmente avrebbe inorridito e si sarebbe ritirato dalla gara. Non poteva superarmi nell'ingozzare, perché solo io avevo capito Caterina e potevo perdonarle l'Orlando, lo Sberzi e chiunque altro fosse venuto in luce anche fra alcuni anni.

Dalla finestra del suo studio don Galimberti mi aveva visto traversare il giardino della casa parrocchiale ed era venuto sulla porta a ricevermi. Probabilmente si aspettava la mia visita. L'anno prima, quando era venuto a sapere che mi incontravo con Caterina e aveva creduto opportuno parlare con mio padre, non aveva sentito il bisogno di incontrarmi. Gli era bastato conoscere i miei. Per me invece era una vecchia conoscenza, benché alla lontana. L'avevo visto una domenica in processione col Santissimo in mano e mi era capitato di notarlo a qualche fermata del tram. La veste nera e i capelli bianchi come la neve, la corporatura massiccia e il nicchio che portava sempre in testa calato come un elmetto fino alla radice del naso, lo segnalavano a grande distanza. La mia figura di giovinotto qualsiasi invece, nonostante i baffetti alla Ramon Novarro che mi ero fatto crescere, era simile a quella di chissà quanti altri bellimbusti della mia età e del mio tipo che circolavano da un paese all'altro della valle. Ma don Galimberti appena mi vide non ebbe dubbi:

« Vieni » mi disse. « È tanto tempo che desidero conoscerti. » E mi fece passare nello studio, dove teneva i registri parrocchiali e i suoi pochi libri.

Quando sentì che volevo sposare a qualunque costo Caterina e che mi rivolgevo a lui sapendo che da più di un anno gli era nota quella mia intenzione, sulla quale aveva addirittura indagato, unì le palme davanti al viso e disse:

« Vediamo un po', vediamo un po'. »

Dopo essersi concentrato, mi disse che Caterina ci aveva pensato a lungo e aveva trovato più adatto a lei il Tibiletti, che era un po' spericolato, ma in fondo un ottimo ragazzo, bisognoso anche lui di mettersi a posto, cosa che con la sua faccia non gli poteva capitare molto facilmente, per cui era una fortuna che la ragazza, nella sua gran saggezza, avesse pensato a lui. A me non sarebbero mancate altre occasioni, anche migliori, sebbene Caterina in fatto di virtù fosse il meglio che si potesse trovare, tanto che bisognava meritarsela una moglie simile, e io non mi ero dato molto da fare per avere un tale bene, perché il vivere al caffè, il non aver ancora intrapreso una carriera o un lavoro qualsiasi, non erano certo titoli di preferenza.

« Ma, la virtù... » cominciai timidamente a insinuare.

Don Galimberti non mi badò neppure e guardandomi severamente disse: « Caterina è una creatura eccezionale, piena di virtù. Lo sai cos'è la virtù? »

Anche se l'avessi saputo non sarei riuscito a dirlo, e don Galimberti andò avanti:

« La virtù, caro figliolo, consiste nel seguire il bene e nel fuggire il male. È il pregio del cristiano, ma è anche un dono. Nel caso di Caterina questo dono si è manifestato prestissimo in forma di una grande castità e di una perfetta sottomissione. La conosco da quando è nata e posso dire non solo che è naturalmente virtuosa, ma che le sue buone qualità l'hanno portata alla perseveranza fino a farne un esempio per tutti. »

Col suo discorso don Galimberti mi aveva chiuso la bocca. Come avrei potuto vuotare il sacco senza passare per un calunniatore? Don Galimberti era un uomo di buona fede, che non credeva al male o meglio che non voleva vederlo. Le sue parrocchiane, che lo sapevano, si confessavano da lui solo quando erano senza peccati che non fossero piccole bugie o altre venialità. I grossi peccati li portavano al convento dei Padri Passionisti, che sorgeva su di un poggio al centro della valle. Caterina, che ci andava anche lei ogni tre o quattro mesi, una volta mi aveva detto di aver pensato, prima di conoscermi, a farsi suora delle Passioniste, che sono monache di clausura ma anche missionarie.

Il vecchio curato non era tuttavia un ingenuo e sapeva benissimo che le sue più giovani parrocchiane andavano a scaricarsi altrove dei loro peccati, tanto che per la Quaresima faceva sempre arrivare un confratello da fuori, non tanto per le prediche quanto per le confessioni. Ma per Caterina aveva una considerazione particolare: la riteneva un'anima più tormentata delle altre, da guidare alla lontana, con estrema cautela. Verso di lei forse si sentiva anche in difetto, per non averla potuta salvare dagli artigli del Dionisotti. Se ne era accorto, almeno così pensavo dopo averne parlato con l'Adelaide, quando il guaio era già avvenuto e l'aveva avviata dai Passionisti perché si purgasse altrove e più liberamente. Non aveva voluto sapere se avesse o no delle colpe, neppure in confessione, per illudersi che niente era avvenuto e avveniva di così sporco e crudele intorno a lui. Un'omissione colpevole, della quale aveva certo sentito per anni il peso sulla coscienza e che aveva creduto scrollarsi di dosso facendosi paladino convinto della virtù di Caterina, la quale virtù, non essendo un dono del tutto gratuito, diventava una conquista continuamente insidiata e quindi più meritoria.

Solo così si poteva spiegare il breve discorso che mi aveva fatto. Il buon prete vedeva finalmente fuori pericolo la sua protetta, quasi fosse entrata davvero in convento. Un matrimonio modesto, tranquillo, senza drammi, era l'approdo al quale la guardava avviarsi dopo tante tempeste vere o presunte. A che fine dunque rivelargli ciò che già sapeva o almeno aveva intuito? Non dissi altro e mi alzai, sotto i suoi occhi che mi guardavano come per assicurarsi della mia ritirata.

« Vai » mi disse. « Ora forse ti sembrerà amaro desistere, ma di questo atto di generosità il Signore terrà conto. Avrai fortuna nel mondo e anche per te verrà il momento giusto. Te lo dico io, che ne ho viste tante. »

Me ne andai, ma per nulla convinto a desistere.

Davanti ai risultati della seconda parte del mio piano, capii che dovevo riprendere tutto da capo se volevo arrivare a un nuovo colloquio con Caterina. Solo l'Adelaide mi poteva aiutare e, ultima speranza, il Tibiletti, che sicuro come pareva del fatto suo, avrebbe forse indotto la fidanzata a concedermi un ultimo sfogo.

Tornai dall'Adelaide e la convinsi facilmente a riprendere contatto con l'amica per farle sapere che avevo parlato con don Galimberti e che avevo intenzione di avvicinare anche il Tibiletti, sua zia, il dottor Trigona, il Dionisotti e forse altri. Probabilmente, per evitare tanto chiasso, Caterina si sarebbe rassegnata a un altro incontro.

Il mio calcolo si rivelò esatto, perché qualche giorno dopo la trattativa era andata in porto.

Verso le quattro di un pomeriggio di domenica Caterina arrivò silenziosamente nella villetta dell'Adelaide e si mise come la prima volta seduta al tavolo davanti a me. L'Adelaide, che l'aveva aspettata in giardino, dopo averla introdotta in casa se ne andò a prendere il tram per il capoluogo. Sarebbe tornata solo a sera fatta.

XI

Seduto davanti a Caterina e dando le spalle alla finestra, potevo studiarla in tutti i particolari. Notai la sua pettinatura ben curata, con la scriminatura a sinistra, l'ondulazione, e l'ala corvina del taglio alla *garçonne* protesa sopra l'orecchio destro. Il suo viso era bianco come marmo, ma sopra gli zigomi due zone d'un colore rosato intenso si disegnavano in forma di due macchie irregolari: un segno contadino, di gente vissuta al freddo. Lo sguardo era fisso in me, ma per oltrepassarmi e continuare alle mie spalle, fuori dalla finestra, nella luce del pomeriggio. Il mio invece, superate le sue pupille, scendeva dentro di lei e si diramava per la trama delle sue vene azzurre in tutto il suo corpo, fino alle mani, che aveva posato sul tavolo e al sommo delle quali, inusitata meraviglia, splendeva un brillante, collocato come un grano di luce sopra la corona di un anello infilato nell'anulare della mano sinistra.

L'anello di fidanzamento, pensai con un brivido. Il Tibiletti procedeva dunque imperterrito. Nessun dubbio lo sfiorava sulla possibilità delle sue nozze. La mente che avevo dominato per un anno senza riuscire a scoprirne le molle nascoste, non aveva segreti per lui. Dovevo convincermi che dietro quella fronte che guardavo come un muro bianco illuminato dal sole, lavoravano degli ingranaggi a me ignoti e dentro i quali non mi era più possibile inserirmi. Doveva essere così, perché la bocca di Caterina, chiusa senza sforzo, pareva suggellata da un dito misterioso che le impediva di rispondermi. Era evidente che mi avrebbe ascoltato in silenzio, lasciando che la sua faccia, la sua stessa inerzia o l'anello di fidanzamento parlassero per lei. Anche il suo collo parlava, bianco come il latte e per la prima volta scoperto fino alle clavicole dalla scollatura di un vestito nuovo, color amarena. Era lo stesso collo esile e un po' rigido, ma fasciato d'una pelle vellutata come una ragnatela, contro il quale, all'incavo con la spalla, avevo tante volte affondato il viso durante le notti del Metropole per sentire il passaggio delle onde misteriose che andavano dal suo volto sempre acceso alle profondità del suo corpo, steso sotto le coperte.

A sorprendere e sviare le mie osservazioni mi giunse, inaspettato, il suo nuovo profumo: il primo, in verità, perché non si era mai profumata da quando la conoscevo. Un aroma leggero ma deciso, che mi sembrò di riconoscere: il profumo francese che avevo visto, in una boccettina scura col tappettino di vetro smerigliato, nel bagno di Teresita, la quale se ne metteva una mezza goccia dietro le orecchie un paio di volte al giorno. Caterina, che l'aveva certamente visto anche lei nello stesso posto, se l'era ricordato e ne aveva indicato il nome al Tibiletti che era corso con la motocicletta a comperarglielo in città.

Smarrito, mi guardai attorno e mi accorsi che sulla sedia a capo del tavolo Caterina aveva deposto una borsetta di pelle scura e un pullover nero.

« Nella mia lettera che hai stracciato » cominciai « forse non sono riuscito a spiegarmi interamente. Non intendo perdonarti, dimenticare, passare sopra, come un predestinato a queste disgrazie, al quale va bene tutto, perché gli importa il dopo e non il prima, e forse nemmeno il dopo ma solo il presente, l'esserci anche lui. Non ho nulla da perdonarti, perché tu vali proprio per quello che hai sofferto. »

« Ma io » m'interruppe Caterina « non ho mai sofferto. Mi è stato tutto indifferente. »

« Ecco » ripresi « indifferente. Come se nulla fosse stato. Hai eliminato, cancellato. Ma intanto la tua personalità è venuta in luce. Tu sei come la statua di una divinità. Si può percuoterla, insozzarla, mutilarla, ma la divinità, cioè l'essenza del divino, resta intatta, perché è altrove. In te, sotto la tua scorza, c'era un'altra donna, che una volta svelata, fatta uscire alla luce... »

« Sei troppo difficile » disse Caterina dopo un colpo di tosse. « Io non so quali altre donne ci sono in me. Quel che conta è che ormai ho deciso. Vedi? Ho già l'anello di fidanzamento. »

E mosse la mano, facendo luccicare il piccolo brillante che le sormontava il dito.

« Io ho bisogno di semplicità. Di uno come il Tibiletti che non si pone problemi, che è sempre contento, che non rivangherà mai nel passato. *I denc di omen, inn comè i denc di can: se morden mia incö morden duman.* Tu insisti tanto, perché sei stato sorpreso e disturbato in un possesso che credevi sicuro. Ma quando riavessi quello che hai perso, ti stancheresti subito. E allora mi tratteresti come hai fatto appena ritornato. Le giustificazioni che ora mi trovi così bene, le rovesceresti in altrettante accuse. I denti degli uomini sono come quelli dei cani: se non mordono oggi mordono domani, dice mia zia. »

« Ma perché me le hai raccontate tutte le tue vergogne? Non potevi star zitta? » chiesi alzandomi.

« Intanto, ti sarebbe bastato sapere la storia del signor Guerrino. Poi, avresti finito con lo scoprire anche il resto, presto o tardi, e sarebbe stato peggio. Infine, non ho niente da nascondere. »

« Ma al Tibiletti » incalzai « hai detto tutto? »

« Non mi ha chiesto nulla. E non mi chiederà mai nulla. »

« Dov'è ora il Tibiletti? Verrà a prenderti fra poco? » domandai.

« No. È a Borgomanero per una corsa motociclistica. Oggi è domenica. Tornerà sul tardi e verrà a casa mia dopo cena. »

Cominciai a camminare avanti e indietro sul mio lato, ma accorgendomi che Caterina volgeva l'occhio alla sua borsa forse pensando che era tempo di andarsene, completai il giro della stanza, fermandomi alle sue spalle. Nello specchio, che avevo di fronte, vidi che guardava la mia immagine riflessa, tenendo tranquillamente le mani sovrapposte sul tavolo. Guardai la sua testa scura, i capelli lucidi e neri, la curva della scollatura sulla schiena, che mostrava l'ombra delle scapole. Poggiai le mani sulla spalliera della sedia, poi sulle sue spalle.

« Caterina » mormorai « non posso lasciarti andare così... »

« Come vorresti lasciarmi andare? » domandò sempre fissandomi nello specchio.

« Vorrei... » e mi piegai fino a sentire il freddo dei suoi capelli sulle labbra insieme al profumo intenso e penetrante che saliva dal suo collo.

Caterina si alzò, si voltò e stette dritta di fronte a me, guardandomi da brevissima distanza. Chinai il viso sulla sua spalla e sentii che mi si piegavano le ginocchia.

« Andiamo di sopra » dissi riprendendomi. E facendole fare un mezzo giro su se stessa la avviai verso la scala che portava al piano rialzato. La stanza da letto di Adelaide doveva essere di sopra, perché al pianterreno c'era soltanto l'anticamera, il salotto, il tinello e la cucina.

Caterina, guidata da me che standole dietro le tenevo le mani sulle spalle, camminò come un automa e giunta alla scala salì al piano superiore senza mai voltarsi.

Sul pianerottolo si aprivano due porte ai lati e una, più piccola, nel mezzo. Afferrai la maniglia di quella verso destra. La porta era chiusa, ma vidi subito la chiave appesa a un chiodo infisso sullo stipite.

Appena dentro mi venne incontro un odore di tabacco e di armadi chiusi, pieni di vecchi vestiti. Forse, come mia madre, l'Adelaide metteva negli armadi e dentro i cassetti dei pezzi di sigaro toscano per preservare le lane dalle tarme.

Era quasi buio, perché le imposte erano chiuse, ma dopo un istante cominciai a distinguere i mobili e mi apparve un letto bianco, piuttosto ampio, perfettamente rifatto. Caterina era ferma, voltata verso il muro, ma quando la condussi come una cieca davanti al letto si riscosse, tolse l'anello, lo posò sul marmo del comodino, poi cominciò a spogliarsi lentamente.

Mi sentivo un semplice profittatore della sua noncuranza, come lo Sberzi, l'Orlando e tanti altri, quan-

111

ti ne potevo immaginare nell'attimo di sospensione e quasi di paralisi che forse prende tutti nel momento che precede l'avvicinamento a un corpo femminile. Almeno la prima volta. E per me era come la prima volta, la volta giusta, con la vera Caterina.

La poca luce diffusa che invadeva la camera passando tra i listelli delle imposte chiuse, dopo una mezz'ora si era ritirata dalle pareti e dal soffitto lasciandoci al buio. Eravamo a ottobre e le giornate, già corte, dopo il tramonto s'infoscavano rapidamente.

Allungai un braccio e trovai, lungo il filo elettrico della lampada da notte, l'interruttore.

La luce di un abat-jour rosso si accese sul comodino. Caterina, mentre guardavo il soffitto, scivolò dal letto e riparandosi in un angolo, fuori dal cerchio di luce che la lampada proiettava in basso, cominciò a rivestirsi voltandomi la schiena.

« Adesso » disse infilandosi la gonna « spero che mi lascerai in pace per sempre. »

Quando fu pronta girò intorno al letto e per tutta la stanza in attesa che mi alzassi anch'io. Ma vedendo che stavo sotto le coperte mi disse: « Che fai? Resti a letto? A momenti torna l'Adelaide. »

Alla luce dell'abat-jour che illuminava scarsamente la stanza, vidi degli indumenti, e certamente una vestaglia nera a fiorami, appesi a un attaccapanni ad albero, tra la porta e il canterano. Saltai dal letto e in un balzo, raggiunto l'attaccapanni afferrai un indumento, il primo che mi venne alle mani e che era una specie di palandrana color caffè. La indossai, ma la trovai molto ampia e lunga fino ai piedi. Infilai le mani nelle tasche e in quella destra trovai un oggetto. Lo estrassi. Era una pipa.

« Come? » domandai. « L'Adelaide fuma la pipa? »

Mi mossi con la pipa in mano, e sopra una stufa di terracotta al centro della stanza vidi, dentro un piattino, un'altra pipa con intorno del tabacco bruciato e due o tre fiammiferi metà carbonizzati. Accanto, notai una scatoletta di "svedesi".

Caterina, vicina alla porta con una mano sulla maniglia e l'altra che stava girando la chiave nella toppa, si volse e disse:

« È roba del dottor Trigona. Viene dall'Adelaide quasi tutte le sere, dopo cena. Qualche volta, quando ha una chiamata notturna, arriva magari alle due o alle tre di notte. Ha la chiave del cancelletto e della porta. Ma non lo sa nessuno. Lo so io perché me l'ha detto l'Adelaide. »

Mise un dito davanti alla faccia e fece gli occhi severi per farmi capire che si trattava di un segreto da mantenere.

Intanto aveva aperto la porta.

« Me ne vado » disse. E scomparve.

Tornai, smarrito, verso il letto e vidi brillare l'anello di Caterina sotto la luce dell'abat-jour. Corsi alla porta, l'aprii e gridai verso il basso:

« Caterina! L'anello! »

Risalì la scala e venne a prendersi l'anello, che infilò al dito senza guardarmi.

« Non sei abituata » dissi.

« A che cosa? » rispose vivamente.

« All'anello. »

Si voltò, prese la porta, scese di fretta per la scala e scomparve.

L'avevo seguita fin sul pianerottolo e stavo rivolto verso la scala, con alle spalle la porticina del bagno. A sinistra avevo la porta aperta della stanza, a destra un'altra porta chiusa. Ne tentai la maniglia e la porta si aprì.

Dentro era buio, ma trovai subito un interruttore e la stanza si illuminò. Era un ampio locale, con un grande letto matrimoniale, un paio di armadi, un divano, due poltrone, un canterano con lo specchio girevole, vari tavolini, qualche sedia. Alla parete di fronte al letto erano appesi due ingrandimenti fotografici: certamente i genitori dell'Adelaide, morti da anni. Doveva essere la loro stanza, che l'Adelaide conservava intatta, come un museo. Sopra un comò c'erano due candele benedette attaccate al muro. Sul letto, che era rifatto, notai accanto al cuscino una camicia da notte di rayon. Sullo scendiletto vidi un paio di pianelle rosse col fiocco e sopra un comodino alcuni libri. Dallo schienale di una sedia pendeva la giacca di un tailleur dell'Adelaide.

Mi feci avanti e dovetti persuadermi che mi trovavo nella vera stanza della levatrice. C'erano, sopra un tavolino, dei biglietti di banca di piccolo taglio sotto un fermacarte. Aprii un armadio e vidi le sue camicette, poi in basso le sue scarpe.

Infilata nella cornice dello specchio sopra il canterano notai una cartolina col Colosseo. La sfilai e lessi la data dell'otto ottobre di quell'anno. Oltre l'indirizzo, scritto in stampatello, vi erano solo due sgorbi illeggibili.

L'Adelaide doveva aver attrezzato ad alcova la sua stanza da ragazza per non ricevere il dottor Trigona nel letto dei suoi genitori, dentro il quale era nata e che non voleva profanare. Infatti non c'era la stufa, che non si mette mai nelle stanze da letto vere e proprie, dove bastano, per dormire al caldo, coperte e trapunte.

Spensi la luce e tornai nell'altra stanza. Mi tolsi di dosso la vestaglia del dottor Trigona e la posai sopra una sedia, ma vedendo il letto, invece di rivestirmi mi cacciai sotto le coperte. Spensi la luce e stetti nel tepore che era rimasto tra le lenzuola. Ai margini inferiori del cuscino, in una zona di pochi centimetri, ritrovai una traccia del profumo di Caterina. Per ravvivarlo vi alitavo sopra, poi cercavo di raccoglierlo fiutando lentamente.

Nel buio, sotto le coperte dove ficcavo la testa, si era adagiato chissà quante volte il dottor Trigona, tra una fumata di pipa e l'altra. La vestaglia gli serviva per andare nel bagno, sul pianerottolo, senza rivestirsi. Se l'era provveduta e l'aveva portata in quella camera, come le pipe, per crearsi un ambiente e per sentirsi come in casa sua, anzi meglio che in casa sua, dove la moglie e le figlie spadroneggiavano, arrivando al punto di mandarlo in giardino a fumare la pipa.

Mentre fantasticavo sul dottor Trigona per non pensare più a Caterina, sentii rumore al pianterreno. Era tornata l'Adelaide. Non avendo trovata la chiave di casa sotto lo zerbino doveva aver pensato che fossimo ancora in salotto, al buio. Ma non vedendoci nel salotto e neppure in cucina, le parve chiaro che eravamo andati via portando con noi le chiavi. A meno che fossimo saliti al piano superiore.

Salì la scala e un momento dopo entrò in camera. Accesa la luce, dalla soglia mi vide disteso nel letto e forse pensò che accanto a me ci fosse Caterina. Ma venne avanti e notò, gettata sulla sedia, la vestaglia color caffè del dottor Trigona, che aveva lasciato appesa all'attaccapanni, accanto alla sua.

Impiegò un po' di tempo a rendersi conto di tutto e a ricostruire quel che era accaduto nelle ore della sua assenza.

« Questo » disse infine « non me l'aspettavo da voi. Così è finito il vostro discorso? Forse finalmente vi siete capiti. Ma adesso, via! »

Se ne andò lasciando aperta la porta e scese in cucina. Mi alzai, mi vestii rapidamente e arrivato in fondo alla scala vidi che la porta di uscita era eloquentemente aperta. La infilai e mi trovai fuori dal cancelletto, nel buio della strada male illuminata da rare lampadine. Lontano, verso l'alto della valle, sentii lo scampanellare del tram. L'ultima corsa scendeva di paese in paese verso il lago. Affrettai il passo e raggiunsi la fermata più vicina.

Era notte, benché fosse solo ora di cena, come la sera che avevo accompagnato la prima volta Caterina al suo paese. Le stelle occhieggiavano tra i rami già spogli delle piante e un velo di nebbia veniva dai prati fin sulla strada provinciale. La chiesetta di Sant'Anna era poco lontana e se il tram non fosse stato per arrivare avrei potuto andarci, per sedere un po' sullo scalino della soglia a contare tutti i miei passi in quella valle e a misurare quanto della mia vita era stato divorato dalla sua fauce, aperta tra il Cinque Termini e il San Giorgio che si alzavano neri e silenziosi nel buio.

Un paio d'ore più tardi facevo ingresso al Metropole, dove non andavo più da tre o quattro mesi.

I soliti clienti erano ai tavoli con le carte in mano.

La padrona stava, immobile, alla cassa. Mi pareva d'essere giunto in salvo, su di un terreno amico. Mi misi alle spalle dell'avvocato Pellegatta per seguire il suo gioco.

« Sei ritornato? » mi chiese aprendo le carte a ventaglio e collocandole in scala con rapide mosse.

« Sì » risposi. « Sono tornato. »

« Ma sei stato via? In Francia? »

« No. Ho avuto molto da fare a casa mia. Ma dov'è lo Sberzi, che non lo vedo? »

« Sarà di sopra, a fare una *sveltina* con qualche svizzera di passaggio. »

Al tavolo vicino, dove sedevano in quattro per il poker, mi fecero un posto.

« Vuoi fare il quinto? » mi chiese il Ballinari. « Rimettiamo nel mazzo i sei. »

« Grazie » risposi. « Non mi piace giocare in cinque. Poi i sei sono nuovi e si distinguono. »

« Apriamo un mazzo nuovo » insistette il Ballinari.

« No » dissi alzandomi. « Vado a dormire. Magari domani sera. »

Nell'andare verso casa mi fu chiaro che un altro inverno al Metropole con le carte in mano non lo avrei passato. Il Metropole, come Caterina, il Tibiletti, l'Adelaide, il Trigona, il Dionisotti, la chiesetta di Sant'Anna e il piccolo tram bianco della valle, appartenevano ormai a un'altra età, che si era chiusa, o stava per chiudersi.

XII

Stava per chiudersi, ma non era ancora al suo termine, anche la storia di Caterina.

Una settimana dopo due carabinieri vennero a cercarmi al Metropole, di mattina. Il maresciallo mi aspettava in caserma. Ci andai subito, precedendo i due carabinieri e lasciando esterrefatto lo Sberzi, che certo si domandava cosa avessi combinato nei mesi dell'estate durante i quali non mi ero fatto vedere nel suo albergo.

Il maresciallo mi fece sedere davanti alla sua scrivania e mi chiese dove fosse Caterina.

La mia meraviglia a quella domanda dovette sembrargli sincera, perché mi disse che da due giorni era scomparsa. Gli rifeci, punto per punto, la storia dei miei rapporti con Caterina, omettendo le sue visite al Metropole dell'inverno prima, fino all'ultimo incontro nella casa di Adelaide, che diedi per un semplice colloquio.

Il maresciallo mi fece scrivere di mia mano due righe nelle quali dichiaravo di aver visto Caterina per l'ultima volta una settimana prima, poi stese un verbale, me lo fece firmare e mi congedò dicendomi che probabilmente mi avrebbe richiamato.

Nel pomeriggio, mentre ero al Metropole seduto

in un angolo con lo Sberzi al quale stavo raccontando che Caterina era scomparsa, entrò il dottor Trigona che veniva a cercarmi. Mi pregò di uscire e mi fece salire sulla sua macchina per parlarmi in luogo appartato.

Si mise in viaggio per la strada costiera, lungo il lago, poi accendendo la pipa mi chiese:

« Dove pensi che possa essere Caterina? »

« Me l'ha chiesto anche il maresciallo, ma non ne so proprio nulla. »

« Lo sai che un paio d'anni fa aveva in mente di avvelenarsi? »

« Lo so. »

« E come vi siete lasciati l'ultima volta? »

Non gli nascosi nulla. Cominciando dal mio primo incontro con Caterina e passando per le sue amare confessioni dei rapporti con l'Orlando e con lo Sberzi, gli raccontai tutto fino al momento in cui nella stanza dell'Adelaide, richiamata da me, era tornata indietro a prendere l'anello che aveva dimenticato sul comodino.

Mi disse allora che il giorno prima della sua scomparsa, Caterina era stata vista verso sera nei pressi della villa Dionisotti, dove da qualche giorno il signor Guerrino era venuto per la caccia, e che anche il Dionisotti era stato interrogato dai carabinieri.

« E il Tibiletti? » domandai.

« Il Tibiletti » rispose « è tranquillo. Non fa ricerche e ai carabinieri ha dato risposte evasive, dicendosi sicuro che Caterina è viva. Secondo lui ha sentito il bisogno di allontanarsi per un certo periodo, perché era molto stanca. »

Presto si ebbe lo scioglimento dell'enigma, che era più complicato di quanto si potesse pensare.

Il Tibiletti e la zia di Caterina avevano parlato. Davanti alle indagini dei carabinieri, che erano state mosse da una lettera anonima, dopo alcune incertezze si erano indotti a rivelare che la ragazza era in Valtellina, ricoverata in un sanatorio.

Si seppe che Caterina, per un ritegno allora assai comune nei malati di petto e nelle loro famiglie, si era sottoposta segretamente ad alcune visite nel dispensario del capoluogo di provincia ed era stata consigliata a passare almeno un anno in un luogo di cura. Qualcuno, ricordando che un paio d'anni prima si era assentata per parecchi mesi dicendo che andava come vigilatrice in una colonia montana della Valtellina, pensò che fosse tornata nello stesso sanatorio dov'era stata curata precedentemente.

Corse voce, nella valle, che la lettera anonima ricevuta dai carabinieri era opera d'un nemico o rivale del signor Guerrino, il quale avendo saputo della scomparsa piuttosto misteriosa di Caterina, l'aveva attribuita con malevola fantasia al Dionisotti, arrivando a indicare un burrone, sul monte Cinque Termini, dove la ragazza sarebbe stata gettata dal suo assassino.

Quando si venne a sapere che un tal Giordano Pizzamiglio, d'un paese della valle, era stato chiamato più volte in caserma dove era stato sottoposto a varie prove di scrittura, si pensò che l'autore della lettera anonima non poteva essere che lui. Risultava infatti che era cacciatore e che alcun tempo addietro aveva avuto uno scontro col Dionisotti, il quale si era introdotto in un suo terreno per inseguire una lepre. Si venne anche a sapere che la sua ruggine col Dionisotti era antica e d'altra natura. Il Pizzamiglio infatti, che era un giovane sui trent'anni, aveva insistentemente corteggiato Caterina quando apparteneva ormai da tempo al Dionisotti.

La storia della lepre si invertiva. Non era in torto il signor Guerrino per aver inseguito il selvatico sui terreni del Pizzamiglio, comportamento del resto lecito secondo le norme della caccia, ma il Pizzamiglio, che aveva tentato di catturare una lepre già ferita da altro cacciatore.

Le prove di scrittura non risultarono probanti, anzi esclusero la responsabilità del Pizzamiglio, ma persuasero tutti che i carabinieri non avevano indagato sulla scomparsa di Caterina, ma sull'autore della lettera anonima nella quale era contenuta un'accusa calunniosa nei confronti del Dionisotti. L'opinione pubblica ritenne comunque il Pizzamiglio un calunniatore e approvò l'anonima bastonatura che il Dionisotti gli fece dare qualche tempo dopo da due o tre facinorosi capeggiati dal Bevilacqua, che era il suo uomo di fiducia oltre che il suo portafucile.

Mi convinsi che in un primo tempo i carabinieri mi avevano ritenuto l'autore della lettera anonima. Non per nulla il maresciallo mi aveva fatto scrivere un paio di righe di mio pugno.

Ma intanto era venuto in luce un altro nome: quello del Giordano Pizzamiglio.

Al pensiero dei due rivali che si combattevano ancora per Caterina a colpi di lettere anonime e di bastonature, mi sentii un escluso, un marginale arrivato a feste fatte.

Ogni domenica, di buon mattino e nonostante il

freddo e le brinate, un altro marginale, l'Arturo Tibiletti, partiva con la sua Galloni per la Valtellina. Piombava come un razzo sul lago di Como, lo risaliva di curva in curva fino a Colico, poi si lanciava per la valle a testa bassa.

In sanatorio, quando si presentava zoppicando, in gambali e giacchetta di pelle, tutti gli facevano largo perché un essere simile non si era mai visto. Ma dopo le prime apparizioni era diventato simpatico a tutti. Passava l'intera giornata con Caterina, accanto al suo letto quando era coricata e sul balcone della camera quando, ben coperta, prendeva aria. Sulla fine del pomeriggio ripartiva e Caterina lo guardava dalla finestra saettare sulla strada verso Sondrio con grande strepito e lunghe strombazzate di saluto. Così almeno si diceva, additando il Tibiletti come un eroe che sfidava il contagio per dare a Caterina la speranza di guarire.

Verso Natale il dottor Trigona andò in macchina a Sondalo per far visita all'ammalata. Quando tornò mi disse di averla trovata in via di guarigione, tanto che a primavera probabilmente l'avrebbero lasciata uscire. Doveva essere vero, perché il Tibiletti aveva fatto fare le pubblicazioni e andava dicendo che a maggio si sarebbe celebrato il matrimonio nella chiesetta di Sant'Anna, come desiderava Caterina.

La mia fonte di notizie non era più Adelaide, in casa della quale non osavo presentarmi, ma il dottor Trigona, che aveva preso a benvolermi, forse per timore che andassi raccontando in giro quel che avevo scoperto in casa della levatrice. Lo appostavo al mercoledì, quando veniva al mio paese per i suoi impegni e per vedere il lago, che gli ricordava il mare di Acireale davanti al quale era nato. Ero capace di aspettarlo per ore seduto nella sua macchina, che posteggiava di fianco al monumento di Garibaldi e lasciava sempre aperta. Mi sdraiavo di fianco al suo posto di guida e qualche volta mi addormentavo nell'odore di tabacco che impregnava la tappezzeria sdrucita della sua 514 color caffè e latte, nota in tutto.il mandamento.

Uno di quei giorni il Trigona mi portò con sé fino al capoluogo della provincia. Lungo la strada, nel viaggio di ritorno, toccò il tasto dell'Adelaide.

« Tu sei grande » cominciò, intendendo dire che non ero più un ragazzo « e certe cose le capisci. Ma sai tacere. E questo ti fa onore. Una parola, un'allusione, un pettegolezzo qualsiasi, nella mia posizione mi potrebbero nuocere gravemente. Il mondo è pieno di cattiverie: te ne sarai già accorto. La levatrice, la Biotti, ti ha messo alla porta. Bisogna capirla. Era stata molto comprensiva con te, ma quando ti ha trovato nel suo letto... »

« Se è per questo » risposi « so di aver abusato e mi dispiace. »

« Bravo » approvò il Trigona. « Questo è un parlare da galantuomo. E un galantuomo vede, capisce e sta zitto. »

« Certamente! » esclamai. « Per me è come se non avessi mai messo piede in quella camera. Pipe ce ne possono essere in qualunque posto. Poi, le pipe non portano scritto il nome di chi le fuma. »

« L'avevo sempre pensato che eri intelligente » disse battendomi una mano sul ginocchio. « Parli come un uomo di panza! In quanto al resto, voglio dire in quanto a Caterina, non ci pensare più: dai retta a me. È stata una fortuna per te quel Tibiletti. Caterina » sussurrò abbassando la voce « tornerà a casa in primavera, ma per morire. L'ho saputo dai miei colleghi che la curano, quando sono stato lassù. Hai capito? Ma che non ti sfugga! Dev'essere un segreto. Per tutti! »

« Ma se si sposa? »

« Forse farà in tempo, ma per lei non c'è scampo. Il Tibiletti lo sa, ma la sposa lo stesso, perché le vuol bene davvero, come nessuno le ha mai voluto bene. Ti ho detto quello che non dovevo dire e che non direi a nessun altro. »

Quando mi depose davanti al monumento di Garibaldi e se ne andò, guardai la facciata del Metropole e la finestra del numero nove, ma nessun pensiero mi sopravvenne. Gli eventi si succedevano, come sulla scena i quadri di una commedia o di un dramma. Il "quadro" del Metropole e del numero nove era già passato e anche quello della camera dell'Adelaide. Agli altri quadri in programma avrei presenziato, ma passivamente, perché mi sentivo svuotato d'ogni interesse e arrivavo al punto di domandarmi se davvero avevo amato Caterina.

Probabilmente non avrei fatto in tempo a vedere le ultime scene, perché sarei partito per i luoghi dov'ero già stato o per altri, verso i quali volgevo lo sguardo. Da qualche tempo mi accompagnavo, durante il giorno, a un tipo dai mille mestieri, tal Romeo Bogni, reduce dall'Inghilterra dove aveva, a suo dire, firmato un contratto con una compagnia inglese quale direttore di una miniera di zolfo nell'isola di Caso, tra l'isola di Rodi e quella di Creta. Appena gli fosse giunto il visto, che aspettava da un giorno all'altro, sarebbe partito per Rodi e poi per

Caso. Un posto per me, diceva, l'avrebbe trovato facilmente nella miniera, o meglio negli uffici.

Il Bogni era un uomo sui quarant'anni, alto e magro, coi basettoni rossi, sempre vestito all'inglese. Pochi lo conoscevano e solo sommariamente, perché pur essendo un nostro conterraneo era sempre vissuto all'estero.

Appena lo vedevo in piazza, diretto al lungolago dove passeggiava ogni mattina per un'ora, lo raggiungevo e gli camminavo a fianco per sentirlo parlare dei posti dov'era stato, in Inghilterra, Francia, Grecia, Egitto e altri luoghi.

«Non so come fa lei» mi diceva «a marcire, così giovane, in Italia. Io non ci resisto: soffoco.»

Sentiva l'angustia di una nazione che si era chiusa nei suoi confini. Quando mi conobbe meglio e giudicò potersi fidare di me, mi disse apertamente che il governo italiano faceva schifo e che Mussolini all'estero era ritenuto un buffone. Ne fui contentissimo, non tanto per Mussolini quanto per il Dionisotti che gli somigliava, a sentire l'Adelaide, come un fratello.

L'idea di andarmene dall'Italia, e non in Francia o in Svizzera che erano la destinazione consueta dei miei conterranei, ma nei mari della Grecia, mi attraeva, tanto che mi dichiarai disposto a seguire il Bogni non appena mi avesse spedito il contratto, indispensabile per ottenere il visto e il permesso di emigrazione.

Ma passò l'inverno e venne la primavera senza che il Bogni riuscisse a muoversi. Ai primi di aprile sparì. Una sua anziana sorella, presso la quale aveva passato l'inverno, mi disse che gli era arrivato il visto e che era scappato via senza avvertirmi per non perdere l'imbarco a Venezia, dove era in partenza una nave per Rodi. Ricevetti infatti, qualche giorno dopo, una sua lettera da Venezia su carta intestata dell'Hôtel Danieli, nella quale mi diceva che appena giunto a destinazione avrebbe pensato a me.

Con la mente già nell'isola di Caso, la notizia del ritorno di Caterina non mi toccò molto. Fu, come al solito, il dottor Trigona a informarmi.

« È tornata » mi disse « e il mese prossimo si sposerà. »

XIII

A metà aprile, quando Caterina tornò a casa, tutta la zona prealpina era da parecchi giorni investita da un nubifragio. Pioveva a dirotto e i torrenti erano diventati fiumare impetuose. Il lago era in piena. Le sue onde, che lambivano il piano dei viali, si erano affacciate alla piazza dell'imbarcadero e si tenevano aggrappate al bordo di granito del terrapieno, aspettando una spinta per scavalcarlo e dilagare dentro le case. L'acqua del nostro fiume, giunta alla foce tornava indietro, fino al primo ponte, risospinta dal lago in burrasca.

Al Metropole dove andavo a passare le giornate in attesa del contratto che doveva arrivarmi dall'isola di Caso, stavo delle ore col viso contro le vetrate del salone da pranzo a guardare le onde, con la speranza che riuscissero a scavalcare i bastioni delle rive, tanto il mio animo si accordava al maltempo. Andavo dal salone al bar in un moto continuo, per tenere d'occhio la piazza e vedere se la 514 del dottor Trigona comparisse di fianco al monumento di Garibaldi.

Vi comparì il primo giorno di bel tempo e il dottore mi portò, con disappunto, un'imprevedibile notizia: Caterina aveva cominciato a circolare per la valle col Tibiletti, seduta sul sellino posteriore della Galloni.

« Un'imprudenza » diceva il Trigona « con quest'aria ancora fredda e l'umidità che c'è in giro. »

« Ma è proprio sicuro » chiesi al medico « che Caterina è condannata? »

« Sicurissimo » rispose. « A Sondalo ho visto le sue radiografie. »

« Si vede allora » dissi « che Caterina non lo sa. »

« Certo che non lo sa. Probabilmente, quando l'hanno rilasciata, le hanno detto che era guarita, o almeno che era fuori pericolo. Un pietoso inganno. »

« Secondo lei » domandai ancora « a quando risale l'inizio della sua malattia? »

« Può darsi che il male covasse in lei da anni, dopo una pleurite della quale non si era accorta. »

Mi venne in mente che la malattia doveva essere entrata nel suo corpo la sera che si era spogliata davanti al camino acceso nella villa del Dionisotti.

Teresita mi aveva descritto, come se l'avesse visto, un freddo divano di pelle, in quella stanza, lontano dal camino, sotto una finestra, sul quale il Dionisotti aveva immolato la sua vittima, surriscaldata dalla passione e dalle fiamme. Mi aveva anche detto, Teresita, che dopo quella sera Caterina si era sentita così male che per tre giorni non era uscita di casa.

Ma quanto altro freddo, pensavo, doveva aver preso ancora per anni nelle stanze di quella villa, poi sulle spiagge del lago con l'Orlando, con me nei boschi e nelle baite, sulla Galloni del Tibiletti e con altri chissà dove. Quanto freddo su quel corpo così bianco e già di per sé un po' gelido. Ricordai che perfino d'estate le sue membra sembravano senza calore.

Nel letto dell'Adelaide le lenzuola erano ghiacciate, ma Caterina non ne aveva sofferto, tanto era fredda a sua volta. Un quarto d'ora dopo invece pareva infuocata e le sue guance erano d'un rosso vivo, come se tutto il sangue le fosse salito al viso. Sentivo battere il suo cuore a brevi intervalli, con un rumore sordo che riempiva la stanza. Il mio invece aveva un battito così attutito che finii col preoccuparmi, tanto che le presi una mano e la portai sul mio petto chiedendole se sentiva il mio cuore.

« No » rispose. « Non lo sento più. »

« Dico l'organo » precisai. « Perché mi sembra fermo. »

« Non temere » disse « come organo funziona. » Mi toccò riconoscere che il mio ritmo non era mai stato pari al suo, in alcun senso.

Per ritorsione, le domandai perché aveva accettato di salire con me nella camera dell'Adelaide.

« Perché era giusto » aveva risposto.

Avrei voluto che la mia partenza per l'isola di Caso avvenisse prima del matrimonio di Caterina o della sua morte. Simili notizie, se mi avessero raggiunto laggiù, mi sarebbero parse d'un altro mondo e ormai estranee alla mia vita. Ma i giornali portarono notizia proprio in quei giorni dell'arresto del Bogni a Venezia, accusato di aver ottenuto denaro da varie persone come compenso per farle trasferire nell'isola di Caso, dove sarebbero state assunte in un'industria mineraria della quale si dichiarava, senza alcun fondamento di verità, direttore e rappresentante. Non nuovo a simili imprese, il Romeo Bogni veniva indicato dai giornali come un "noto pregiudicato".

« Frode in emigrazione » disse l'avvocato Pellegatta un giorno al Metropole « o quantomeno truffa. Gli daranno un paio d'anni, perché c'è la recidiva. »

Sfumava così nell'aria l'isola, che non avevo mai visto neppure sulla carta geografica e che andai a cercare in un atlante scolastico per pura curiosità. Non era tra l'isola di Rodi e quella di Creta, ma tra questa e l'isola di Scarpanto, circondata verso nord da alcune isolette minori. Faceva parte del Dodecaneso, il gruppo di isole dell'Egeo che apparteneva all'Italia dal 1912.

L'isola di Caso, benché fosse solo una delle tante trovate truffaldine del Bogni, rimase per me, da allora, un segnale della mia sorte, sempre affidata al caso apparentemente, e addirittura al caso fortuito, per cui ancora oggi, solo a sentir parlare del caso, anche d'un bel caso, d'un caso curioso e d'un caso fortunato, il mio orecchio si tende e la mia attenzione si desta.

Il Tibiletti e Caterina scorrazzavano per le strade sulla Galloni rossa seguiti da una scia di polvere e facendo risonare le valli al loro passaggio. Tutti li vedevano, dal tram o dalle automobili, sulla provinciale e sulle strade comunali, di domenica e anche nei giorni feriali. Solo a me non capitava mai di incontrarli, anche perché passavo molte giornate sulle montagne di là del lago, andando da una valle all'altra nel corso di lunghe e solitarie passeggiate che mi distoglievano dai miei tristi pensieri.

Il matrimonio era stato fissato per il 27 maggio e don Galimberti aveva consentito a celebrarlo nella chiesetta di Sant'Anna, davanti alla quale i noci erano già rinverditi.

Mi chiedevo perché Caterina avesse voluto sposarsi in quella chiesetta, che poteva richiamarle alla mente il nostro primo colloquio. Ma la chiesa sorgeva vicino al piccolo cimitero del paese dov'erano sepolti suo padre e sua madre. Per questo, mi disse il dottor Trigona, aveva pensato a Sant'Anna.

Immaginai allora che le ombre dei suoi genitori le sarebbero venute incontro tra gli asfodeli all'uscita della chiesa, per accoglierla, già vestita di bianco, nella loro triste dimora. E lo sposo, vestito di nero sul cancello del camposanto, con dietro la piccola folla dei parenti e degli invitati che si alzavano in punta di piedi per vedere Caterina che camminava come un fantasma nel vialetto, coi fiori d'arancio tra i capelli, verso i suoi genitori. Una scena simile, in marmo e a grandezza naturale, l'avevo vista nel cimitero di Staglieno a Genova o al Monumentale di Milano.

Ma le cose sarebbero andate diversamente e in un modo meno romantico. Caterina avrebbe avuto il tempo per sposarsi e per fare ingresso nella sua casa col Tibiletti. Consumato quel poco di vita che le rimaneva, lentamente avrebbe cominciato a deperire e al più tardi in autunno si sarebbe spenta. Questa era la previsione del dottor Trigona. Per conto mio vi aggiungevo il funerale, al quale non avrei mancato.

Mi pareva di vedere la valle, in un giorno di fine ottobre, lucida del primo freddo. Alla chiesetta di Sant'Anna arrivavano alla chetichella, uno dopo l'altro, il Dionisotti, l'Orlando, lo Sberzi, il Pizzamiglio e altri due o tre, o magari anche cinque o sei e forse più. Ognuno di loro in dovere, come me, di assistere alle esequie della ragazza che avevano amata, ciascuno con la sua storia e i suoi ricordi nascosti nel cuore. Nessuno si sarebbe meravigliato vedendoci: nei funerali di campagna c'è sempre chi aspetta il piccolo corteo in chiesa o al cimitero, per semplice curiosità o per tributare un omaggio discreto e quasi marginale al defunto. Tenendomi in disparte, appoggiato al tronco di un noce o nascosto dietro la cappelletta che sorgeva tra il cimitero e la chiesa, avrei osservato le mosse degli altri. Sarei forse entrato anche in chiesa per ultimo, e dal fondo, stando vicino alla porta per squagliarmi appena finita la cerimonia, avrei seguito l'ufficio funebre. Certamente don Galimberti, venendo alla balaustra, avrebbe tenuto un breve discorso.

« Accompagnamo oggi » avrebbe detto « la nostra cara Caterina all'ultima dimora. È passata tra di noi lasciando a ciascuno un fiore. »

Dietro le colonne e negli angoli più scuri, a quell'immagine molti avrebbero trasalito.

« Custodite quel fiore e il suo profumo. È il fiore della virtù, che il fango della terra non può macchiare. Caterina ha dispensato a tutti la luce della sua innocenza e della sua bellezza. Teniamola in noi come un messaggio di quel cielo al quale è salita. Nella nostra vita piena di incertezze e di dubbi e non esente dal peccato e dalle ombre del male, ogni tanto appare un segno di salvezza. Talvolta è un fanciullo, presto rapito alla terra, altre volte è una giovinetta splendente di tutti i doni di Dio, che ci precede anzitempo per ricordarci che la vita è breve e il giorno della prova suprema è vicino. »

Don Galimberti, che ne sapeva più di ciascuno di noi, avendoci individuati nell'ombra della scura chiesetta, ci raggiungeva con le sue parole, ci frustava e ci ammoniva, davanti alle spoglie della nostra povera vittima.

Ma non erano che tristi sogni, fantasie, nelle quali sfogavo il mio rodimento interiore. Verso la metà di maggio venni a sapere, non dal Trigona, ma da un bigliettario viaggiante della ferrotramvia, che nella casa degli sposi era arrivata dalla Brianza la mobilia. Un letto di mogano, diceva il tramviere, in stile antico, tutto scolpito a mano, che pesava non meno di tre quintali.

Mi domandavo il perché di tante spese, se si trattava di un matrimonio simbolico, quasi *in articulo mortis*. Ma il Tibiletti voleva fare le cose per bene, come se dovesse passare tutta la vita con Caterina, che vedendo arrivare quei catafalchi brianzoli avrebbe potuto illudersi fino all'ultimo sul suo destino. In casa Tibiletti c'erano stati perfino i muratori, per due mesi, a lavorare nell'appartamento degli sposi, nel quale avevano ricavato un bagno tutto piastrellato. Una meraviglia, a detta del tramviere.

Il 25 maggio, due giorni prima del matrimonio di Caterina, avvicinai il Penella, un mezzo scemo che veniva al Metropole a veder giocare gli altri e al quale ogni tanto qualcuno pagava un caffè o un cappuccino in cambio di qualche piccolo servizio, come comperare un giornale, correre a casa d'un giocatore a prendergli l'ombrello perché si era messo a piovere o dal barbiere a tenere il posto a un altro che stava per staccarsi dal tavolo di gioco. Una volta il Ballinari l'aveva mandato alla stazione a veder l'ora, perché gli si era fermato l'orologio. Il Penella, partito di corsa, ritornò dopo dieci minuti gridando che erano le diciotto. « Ma oramai » gli disse il Ballinari « le diciotto sono passate. Vai di nuovo a vedere che ore sono. » Il Penella corse altre tre o quattro volte alla stazione sempre più velocemente prima di capire che non gli era possibile portar via l'ora precisa.

Quando il Battaglia lo portava sulla sua automobile al capoluogo di provincia, giunto alla salita di Cunardo, gli ingiungeva di star leggero sulla macchina per non sforzare il motore. Il Penella allora si reggeva faticosamente ai poggiabracci, convinto di scemar peso al suo corpo.

Un simile tonto era l'unica persona alla quale potessi chiedere, senza vergognarmene, di andare al matrimonio di Caterina con l'aria d'un curioso qualsiasi, per riferirmi poi come si era svolta la cerimonia.

Il 27 mattina lo misi sul tram, con le ultime raccomandazioni e qualche soldo in tasca.

Al pomeriggio, quando da una finestra del bar lo vidi spuntare nella piazza, mi resi conto che tutto ormai era consumato, ma non senza la segreta speranza che il matrimonio avesse subìto un rinvio. Gli andai incontro, per portarlo verso il viale, dove lo avrei scaricato del suo peso senza che nessuno ci ascoltasse. Appena mi vide mi assicurò sulla perfetta riuscita della cerimonia e passò quindi ai particolari. La sposa, disse, era vestita di bianco e teneva in mano un mazzetto di fiori d'arancio finti. Lo sposo era vestito di nero con una gardenia all'occhiello e il cappello in testa. Fuori dalla chiesetta di Sant'Anna c'era una folla di curiosi e di invitati tutti ben vestiti. In chiesa avevano suonato, in mancanza dell'organo, due ciechi, uno col violino e l'altro con un flauto. Don Galimberti aveva fatto un lungo discorso. Il Penella non aveva capito una parola, ma quando gli invitati, a cerimonia finita erano andati a baciare la sposa, si era messo in fila e l'aveva baciata anche lui. Caterina gli aveva perfino fatto un bel sorriso. Era, disse, bella come un angelo, con le guance ben colorite e gli occhi splendenti. Dopo la cerimonia, appena fuori dalla chiesa era entrata nel cimitero col Tibiletti e aveva deposto un mazzo di fiori sulla tomba dei suoi genitori. Poi, in corteo con tutti gli invitati, gli sposi erano andati attraverso i campi al paese, dove sotto la pergola di un'osteria era imbandita una tavolata per cinquanta persone. Caterina, vedendo il Penella in disparte, l'aveva chiamato a sé e gli aveva assegnato un posto a tavola vicino ai due ciechi, senza neppure domandargli chi fosse. Glie l'aveva domandato lo sposo, al quale rispose di essere il Penella. Vedendo che il Tibiletti non pareva soddisfatto di tanto cognome o soprannome, gli aveva spiegato da dove veniva e gli aveva detto che era stato mandato da me per assistere al matrimonio e poi raccontarmi come era andato.

All'ora del tram, dopo aver salutato gli sposi era ripartito per venirmi a fare la sua relazione. « Puoi star tranquillo » mi disse « tutto è andato bene. Lui è un po' brutto perché è caduto da piccolo, ma se non fosse caduto sarebbe stato bellissimo, per cui, come diceva uno dei due ciechi seduto accanto a me, avranno dei figli meravigliosi. »

« Bravo Penella » gli dissi. « Sei un vero segugio. Non ti è sfuggito proprio nulla. »

XIV

Il giorno dopo vidi la macchina del dottor Trigona accanto al monumento di Garibaldi. Da lui, quando finito il suo giro venne a riprendere la macchina, seppi che gli sposi erano partiti per Roma dove sarebbero stati ricevuti, insieme a tante altre coppie, da Mussolini e anche dal Papa.

« Per intanto pare che tutto vada bene » concluse.

« Io sono contento » gli dissi « che Caterina stia bene. Ma lei come spiega tutta questa salute? Caterina non era, pressappoco, in punto di morte quando è tornata? »

« È un mistero » rispose. « La scienza rimane perplessa davanti a certi miracoli. D'altra parte, non è la prima volta che si verifica una guarigione spontanea, inspiegabile, anche in soggetti dati per spacciati. Senza contare che si potrebbe dare il caso di una diagnosi sbagliata o di uno scambio di lastre radiografiche. »

« Che le avessero mostrato, per errore, le lastre di una moribonda? »

« Ecco » ammise « un errore. Può essersi trattato di un errore. Ma può anche darsi che dopo un illusorio miglioramento, dovuto a una forte autosuggestione, finita la tensione psichica, il male si risvegli. E allora, in poche settimane... »

« Ho l'impressione » conclusi « che Caterina stia meglio di me e di lei. Comunque, non ci penso più: non ci voglio più pensare. Sono arrivato al punto di mandare il Penella, lo scemo Penella, a seguire la cerimonia nuziale per bere fino all'ultima goccia il mio calice. Ma ora basta: mi sento guarito anch'io del mio male. »

Del mio calice invece non avevo ancora visto il fondo e la mia guarigione era ancora lontana. Ma a prepararla pareva essersi messa la mia buona sorte, che inopinatamente mi aprì uno spiraglio davanti agli occhi: una congiuntura favorevole mi consentiva di tornare al mio vecchio impiego, non più nelle terre pressoché straniere di Slavonia, ma a Trieste, città che avevo esplorato l'anno prima e che mi era parsa meravigliosa. La deliberazione che mi riguardava avrebbe avuto effetto entro pochi giorni, ma mi veniva concesso il termine di un mese per prendere servizio nella nuova sede.

Decisi di non dir nulla a nessuno, né al Metropole né altrove. A un certo punto sarei sparito senza lasciar traccia, facendo correre la voce che ero in Francia o magari in America del Sud.

« "Libero e lontano, sopra una via di redenzion, d'onor" » mi ripetevo, dopo aver sentito canticchiare la frase dal Ballinari, che conosceva le principali opere liriche a memoria. Ma prima di andarmene mi premeva di rappacificarmi con l'Adelaide, l'unica persona che aveva cercato di darmi aiuto e della quale avevo tradito la fiducia, arrivando a impossessarmi, per quanto involontariamente, del più delicato segreto della sua vita. Il dottor Trigona doveva già averle riportato le mie parole di pentimento, ma non mi bastava.

Pur prevedendo il suo imbarazzo nel rivedermi, pensai di andarla a trovare un pomeriggio, anche per dirle che stavo per assicurarle la mia discrezione nel miglior modo possibile, cioè assentandomi per alcuni anni e forse per sempre.

Sulla mia decisione tornai più volte, chiedendomi se non fosse meglio scomparire silenziosamente, ma il giorno prima della partenza mi decisi. Verso la metà del pomeriggio presi il tram della valle e una mezz'ora dopo ero davanti alla sua villetta, che non mi era mai parsa tanto lugubre. Isolata, ai margini di un viale di vecchie robinie contorte, piccola e meschina, era la caricatura di una vera villa. Pareva il volto di uno spiritato: le finestre delle due camere al primo piano erano due occhi biancastri e lacrimosi, e la porta una bocca aperta e dolente. Le due finestre del pianterreno, seminascoste da due camelie, non erano visibili dalla strada. Una raminata sostenuta da esili aste di ferro, circondava la piccola proprietà.

Né il cancelletto esterno né la porta d'ingresso erano chiusi. Segno che l'Adelaide era in casa. Spinsi con cautela prima il cancello poi la porta, pronto a chiedere permesso appena fosse comparsa. Ma le stanze erano vuote. Mi guardai attorno nel salotto. Tutto era in ordine. Uscii nel corridoio dal quale partiva la scala e subito mi colpì un forte odore di tabacco.

Avevo capito tutto. L'Adelaide era in camera col dottor Trigona che l'aveva aspettata fumando la pipa.

Mi stavo domandando perché avessero lasciato la porta aperta, quando udii riaccostare e chiudere il cancelletto di strada, poi aprire e richiudere a chiave la porta di casa. Non mi rimase che rifugiarmi in cucina. Qualcuno era entrato in salotto con un passo leggero, forse una donna. Non poteva essere che l'Adelaide. Il Trigona, che aveva le chiavi, era arrivato prima ed era salito in camera, a farsi un paio di fumate. Ma perché aveva lasciato il cancelletto aperto?

Il passo, leggero come quello di un ladro, si sentiva ora sulla scala. Al piano di sopra si aprì la porta della stanza di destra, l'alcova di Adelaide. Poi tutto fu silenzio.

Mi accorsi che sulla parete della cucina che avevo di fronte era appeso uno specchio poco più grande d'un libro, proprio all'altezza del mio naso. Mi avvicinai fino a inquadrarvi il viso. Non mi ero mai visto con quella faccia. Un'inspiegabile paura e una vergogna di me stesso della quale non capivo ancora la causa, mi avevano dato l'espressione d'un condannato a morte davanti al plotone d'esecuzione: una faccia cotta, slavata, uno sguardo smarrito, il mento tremolante e la bocca aperta per lasciare uscire un grido che non mi veniva, come negli incubi del sonno.

Il silenzio della casa si era fatto ancora più profondo, ma sapevo che al piano superiore c'era qualcuno, fermo come un animale sorpreso che si finge morto, oppure ignaro d'ogni altra presenza e abbandonato a un momento di stasi, di riposo, senza parole.

Ogni parte di me capiva, veniva a sapere, si investiva di una realtà che solo la mente rifiutava, mentre una spina lentamente mi entrava nel cuore.

Quando riuscii a muovermi, senza far rumore scivolai nel salotto.

Sul tavolo, nel mezzo, orribile come un serpente arrotolato e pronto a scattare si ergeva, con la breve cinghia ad arco ferma nel vuoto, la borsetta di Caterina, la stessa che aveva posato sulla sedia accanto al pullover quando era venuta in quella casa per il suo ultimo colloquio con me.

Capii che era un segnale per Adelaide, se fosse rientrata. Voleva dire: "Siamo di sopra".

Erano di sopra, nel letto bianco della camera di destra, la loro alcova. Ed io ero prigioniero in quella casa, come un topo in trappola, perché la porta era chiusa e tutte le finestre del pianterreno erano munite d'inferriata. Mi venne in mente che Caterina poteva aver messo le chiavi nella borsetta. Afferrai la borsetta, la frugai febbrilmente, ma senza trovarvi le chiavi. Mi guardai attorno e le vidi, come se fossero comparse in quel momento, una accanto all'altra sulla mensola del camino. Aprii la porta senza badare al rumore e mi trovai fra le due camelie dell'ingresso. Misi l'altra chiave nella toppa del cancello e uscii nel viale.

Come se qualcuno mi avesse chiamato, mi voltai di scatto e alzai lo sguardo alla finestra della camera. La faccia di Caterina era contro il vetro, immobile come un ritratto. Un istante dopo, la tendina di pizzo bianco che aveva scostato ricadde tra il vetro e la sua faccia.

Il tram sarebbe passato solo fra una mezz'ora ed ero fermo da almeno venti minuti sulla strada ad aspettarlo. Mai il tempo mi era parso così lento e crudele. Tra gli alberi, alle mie spalle, a meno di mezzo chilometro c'era la casa di Adelaide. Davanti a me, a un centinaio di metri, occhieggiava tra i noci la chiesetta di Sant'Anna. Per terra, tra i binari del tram, guardavo alcuni ciottoli sporchi di grasso nerastro e qualche ciuffo d'erba.

Ricominciavo a connettere, dopo una mezz'ora di completa inerzia della mente. Ricostruivo: quando avevo scoperto le pipe, Caterina aveva subito dirottato sull'Adelaide ogni mia possibile congettura. Su di lei, virtuosa o frigida, si era scaricata l'infamia di una insospettabile doppia vita sua e del dottor Trigona. Ma le cose stavano ben diversamente, sebbene con pari infamia anche per la Biotti, che prestava la sua casa chissà da quanto tempo al medico e a Caterina. Lo scaltro dottor Trigona era dunque il mio vero successore. Il Tibiletti costituiva soltanto una copertura, il marito di comodo necessario a garantirgli il pacifico possesso di Caterina. La storia del sanatorio era stata un diversivo forse giustificato da qualche sintomo leggero, o una manovra per neutralizzare il Dionisotti. Non era neppure da escludere che Caterina non avesse mai visto Sondalo. Durante il suo presunto ricovero chissà quante volte il Trigona era stato a trovarla. Ricordai che il medico, nella prima settimana dell'ottobre scorso era stato ad Acireale per ragioni di famiglia. Forse era andato solo fino a Roma con Caterina. Ed ecco spiegata la cartolina che avevo visto infilata nello specchio nella camera di Adelaide. Viaggi di nozze a Roma, ne aveva fatti almeno due Caterina.

Quando il Trigona fosse entrato nella sua vita, non mi era possibile stabilirlo. Di lei sapeva tutto, fin dall'epoca del Dionisotti, col quale poteva aver avviato un condominio. Al più tardi, si era candidato come suo amante quando Caterina aveva cessato di venire al Metropole, mandando avanti il Tibiletti come paravento o spaventapasseri.

Toglierla a tutti e condividerla solo col motociclista era stata la sua trovata, il capolavoro della sua mente tenebrosa. O la sua rivincita, dopo chissà quante umiliazioni e sconfitte.

Mentre andavo ruminando questi pensieri nell'ombra del casottino di mattoni della fermata, si udì il rombo d'una motocicletta. Un momento dopo passò come un fulmine il Tibiletti incurvato sulla sua Galloni. Mi aveva riconosciuto, perché in fondo al rettilineo riuscì a fermarsi. Girò stretto e tornò a piccola velocità lungo il margine della strada rasentando il binario della tramvia, finché venne a fermarsi accanto a me con un piede posato a terra.

« Aspetta il tram? » mi domandò. « Ci vorrà ancora un quarto d'ora. Se vuole, la porto io al Metropole. »

Mi guardava allegramente, dalle fessure dei suoi occhi, come se fossi stato un suo vecchio amico.

« Su, monti! » riprese vedendo la mia perplessità. « Non avrà mica paura? »

Passai alle sue spalle e montai a cavalcioni sul sellino.

« Si attacchi » gridò.

Mi attaccai. Le piante fuggivano da ogni parte, insieme alle poche case e ai cascinali disseminati lungo la strada. Stretto ai suoi fianchi e con la faccia appoggiata alla sua schiena, volavo con lui per la strada del fondovalle.

Dopo un quarto d'ora si fermò di fianco al monumento di Garibaldi, posò un piede a terra e spense il motore.

« Posso offrirle una birra? » gli domandai indicando il Metropole.

Abbassò il cavalletto, vi tirò sopra la moto e mi seguì zoppicando.

Era una giornata afosa e l'albergo sembrava abbandonato. Lo portai in giardino, verso i tavolini in ombra, vicino alla ringhiera del terrapieno che sovrasta il lago.

Eravamo un'altra volta a tavolino, questa volta senza sorprese in vista, per me.

« Domani parto » dissi. « Debbo raggiungere una città, Trieste, dove ho un lavoro. Ci resterò per anni e forse per sempre. Prima di partire volevo salutare la signorina Biotti, che conosco. Ecco perché ero da quelle parti. »

« L'Adelaide oggi è in municipio, come tutti i martedì. E ci starà fino a tardi » disse.

Guardandolo negli occhi, osai chiedergli come stesse sua moglie.

« Bene » rispose. « Ma perché me lo chiede? Non l'ha vista? »

Vedendo la mia meraviglia a quelle sue parole, cambiò tono e con molta buona grazia disse:

« Lei sarà una persona istruita, ma del mondo non ha capito molto. »

Ero d'accordo, e stavo per dirgli che dopo le sue ultime parole ne capivo ancora meno. Ma senza lasciarmi tempo proseguì: « Io voglio molto bene a Caterina e mi va bene che sia così. Bisogna lasciare che ognuno sia come Dio l'ha fatto. Non si può pretendere che gli altri siano fatti come piace a noi. Pensandola a questo modo, io posso voler bene a tutti: anche a lei, anche al dottor Trigona. Come potrei non voler bene a lei che vuol così bene a Caterina?

E come potrei non voler bene al dottor Trigona che non solo vuol bene a Caterina, ma a tutta la mia famiglia, e a me in particolare. Ha curato mio padre e mia madre, mi ha visto nascere, mi ha assistito in tutti i miei incidenti come se fossi un suo figliolo. Lei dirà che non basta perché io... »

Mi tirai indietro sulla sedia e alzai le mani quasi in atto di protesta, per far capire che non mi permettevo minimamente di interferire, di giudicare e neppure di pensare che lui...

Capì senza che parlassi e riprese:

« Non è che bene. È tutto bene, che rende felice tutti e non fa male ad anima viva. »

Da qualche minuto sentivo una punta acuminata che mi penetrava nel petto.

« Ma lei » chiesi « non sente una spina nel cuore? »

« Una spina? No. Non sento nessuna spina. Anzi, il cuore mi si allarga » rispose. Trasse un profondo respiro e spalancò le braccia come se volesse accogliere sul suo cuore il mondo intero.

Lo Sberzi, che forse si era assopito nel bar per il gran caldo del pomeriggio, era finalmente uscito in giardino e ci aveva visti.

« Due birre! » gli gridai da lontano.

« Pensi » riprese il Tibiletti « che bene mi fa chi mi vuol bene, conciato come sono! Cosa potrei pretendere con questa faccia? Ma fosse solo la faccia! Sono tutto in pezzi, di sopra e di sotto. Ho avuto la frattura del bacino: sinfisi pubica e trapezoide. Uno sfacelo! Il dottor Trigona mi ha rimesso insieme per miracolo, ma mi mancano pezzi un po' dappertutto. »

Arrivò lo Sberzi con la birra che posò sul tavolino. Incuriosito dal nostro dialogo del quale non aveva afferrato l'argomento, si soffermò per lamentarsi del caldo. Ma nessuno di noi due gli badò, tanto che si ritirò subito, facendosi aria col leggero vassoio di lamierino sul quale aveva portato le due birre.

Fu allora che il Tibiletti, chinandosi verso di me con aria di mistero e stirando le labbra in un sorriso che gli riuscì un po' meno che diabolico, disse:

« Sa che Caterina forse avrà un figlio? È un po' troppo presto per essere sicuri, ma spero che sia vero. »

« Un figlio! » esclamai. « E da chi? »

Alzò le spalle e mi guardò con compassione.

« Cosa importa » disse « quando sarà Caterina ad averlo. Avrà un figlio! »

Lo Sberzi, che si era fermato a una certa distanza fingendo di raccogliere qualche cosa da terra, si voltò. Il Tibiletti allora, che si era accorto dell'attenzione dello Sberzi, ripeté ancora più forte:

« Avrà un figlio! »

Il giorno dopo, sul treno che mi portava verso Venezia e Trieste non riuscivo a star seduto al mio posto. Andavo su e giù per il corridoio, guardavo dai finestrini, sfogliavo i giornali abbandonati sui sedili. La voce del Tibiletti, ritmata sul battito dei binari, ripeteva: "Avrà un figlio, avrà un figlio". Ma verso Verona cominciò a calare di tono. A Vicenza era così fioca che sembrava un bisbiglio: "Avrà un figlio, avrà un figlio" diceva ancora, ma si confondeva col cigolìo dei giunti tra carrozza e carrozza ed era ormai indistinguibile.

Quando, dopo Mestre, il treno cominciò a percorrere il ponte sulla laguna e apparvero le cupole e i campanili di Venezia, era ormai spenta del tutto.

XV

La lontananza, che in altri tempi aveva acuito il mio spasimo, operò se non come un balsamo, certamente come un sedativo sul mio animo esagitato.

A Trieste affogai i miei ricordi dolorosi tra nuovi amici e nuove gentili apparizioni. Mi davo a intendere che avevo il dovere di sopravvivere. E sopravvissi, allegramente o quasi, senza più rivedermi davanti agli occhi, se non fuggevolmente e sempre più diafano, il viso di Caterina dietro i vetri, come mi era apparso mentre uscivo per l'ultima volta dal cancelletto dell'Adelaide.

Passato un anno tornai a casa mia, ma mi fermai solo due giorni, nascosto come un ricercato, senza farmi vedere al Metropole e neppure per le strade.

Dopo un altro anno e sembrandomi ormai sepolto sotto una montagna di sassi ogni avvenimento del passato, mi decisi, nell'estate, a una sosta più lunga, d'una settimana o due, per riprendere contatto con i luoghi più che con le persone.

Nel viaggio di ritorno mi fermai a Venezia, che non finivo mai di conoscere, anche perché mi collocavo sempre in un alberguccio della Lista di Spagna, vicino alla stazione ferroviaria, dal quale uscivo per andare, col vaporetto, in piazza San Marco dove passavo la giornata senza spingermi oltre la Piazzetta e la Riva degli Schiavoni.

Il giorno stesso del mio arrivo, stando seduto al Caffè Quadri tra i portici e la Piazza, notai, compostamente assiso in una poltroncina di paglia del vicino Caffè Lavena, un distinto signore che mi pareva di conoscere. Sentivo, per una specie di reminiscenza, che quella faccia, della quale vedevo solo il profilo, apparteneva a un tempo remoto e a una situazione sgradevole, ma non sapevo darle un nome. Mentre andavo sfogliando mentalmente il mio archivio, passò tra i tavolini una donna giovane e appariscente che indusse l'imperturbabile signore a volgersi di un quarto per seguirla con lo sguardo.

« Romeo Bogni! » esclamai a mezza voce. Era lui, forse appena uscito dal carcere dov'era finito per aver turlupinato alcuni ingenui con la promessa dell'emigrazione. Mi venne in mente l'isola di Caso, dove avrei dovuto seguirlo se non si fosse trattato di una sua fantasia o meglio di un imbroglio. Mi alzai e andai a mettermi in silenzio davanti al suo tavolino. Alzò gli occhi, mi riconobbe e mi invitò a sedere.

« È di ritorno » gli domandai « dall' isola di Caso? »

« Non ci sono neppure andato » rispose. « Con gli inglesi si lavora male. È gente piena di superbia. Ho preferito Parigi, dove ho passato due anni meravigliosi. Ora sono qui per riposare in questa quiete un paio di settimane prima di imbarcarmi per l'Africa Orientale. Ho un contratto come dirigente di una impresa di trasporti tra Gibuti e Addis Abeba. Anzi, se le interessa, posso farla chiamare laggiù, a buone condizioni. »

Mi schermii e gli dissi che ero diretto al paese, dal quale mancavo da due anni. Ebbe una smorfia di disgusto e perse ogni interesse per la mia persona.

Non mi restò che salutarlo gentilmente e ritirarmi verso il mio tavolino.

L'isola di Caso, galleggiante più che sul mare sulla carta geografica dell'Egeo, mi era riapparsa per un attimo come un segno del mio destino, che proprio in quei giorni si era rimesso in moto per spingermi su nuove strade. Per questo infatti tornavo a casa, quasi a ricongedarmi dal mondo della mia prima gioventù, prima di avviarmi verso altri, imprevedibili casi.

Restai in casa mia un giorno poi andai a farmi vedere al Metropole. Ormai evaso per sempre da quel modesto ambiente, mi era venuta la curiosità di ritornarvi per una breve visita, come il prigioniero liberato che vuol dare un ultimo sguardo alla cella nella quale ha passato una parte della sua vita.

Appena entrato vidi vicino al bancone del bar il dottor Trigona. Ebbi difficoltà a riconoscerlo, tanto era invecchiato. Gli erano rimasti pochi capelli grigiastri che gli incorniciavano un viso rinsecchito e scavato da profonde rughe. Era giorno di mercato e il bar del Metropole rigurgitava di gente. Mi mossi per avvicinarlo mentre stava sorbendo un caffè, ma appena si accorse di me posò la tazza e cercò di guadagnare l'uscita.

Lo seguii fino alla macchina, che posteggiava sempre di fianco al monumento di Garibaldi. Non era più la 514 color caffè e latte, ma una berlina Lancia di nuovo tipo, nera e a forma di un tapiro o d'altro animale dalla schiena gonfia e gobba verso la coda.

Lo raggiunsi mentre apriva la portiera, ma non tentai neppure, come una volta, di sedermi di fianco a lui. Lo accostai e lo salutai. Guardandolo da vicino vidi che aveva la barba del giorno prima. Dalla bocca dove teneva la pipa, gli colava sul mento un filo di saliva color caffè. Gli occhiali, che lasciava scendere fino a metà naso lo obbligavano, per guardar lontano, ad abbassare la testa, dandogli l'aspetto di un caprone pronto a cozzare con la fronte.

Al mio saluto rispose con un grugnito. Poi, squadrandomi con diffidenza e riunendo le dita della sinistra a mazzetto, disse:

« Che vuoi da me? »

« Niente » risposi. « Volevo solo salutarla. Sono parecchi anni che non torno a casa e non ho saputo più nulla di lei, di Caterina, della valle... »

Non pareva convinto della mia domanda, perché restò in silenzio per un pezzo, masticando il cannello della pipa. Infine, non ancora del tutto persuaso, disse:

« Ma possibile che non sai nulla? »

« Nulla » insistetti. « Sono tornato appena ieri. »

« Allora non lo sai che Caterina è morta? »

« Morta? E di che? Della sua malattia? »

« Ma quale malattia! Con la moto, alla curva di Rancate. Quando mi hanno chiamato e sono corso, l'ho trovata distesa supina nel prato, sotto la strada. Pareva non avesse niente: era intatta, con gli occhi spalancati. Ma appena mi sono chinato sopra di lei ho visto che le si appannava lo sguardo e mi sono accorto che non vedeva più. »

« Era morta » dissi.

« Morta » confermò il Trigona togliendosi la pipa di bocca e diventando improvvisamente loquace. « La guardavo, e mi pareva che scendesse, che avesse cominciato a scendere, sotto l'erba del prato, sottoterra, nel regno dei morti. »

« Ma quando è stato? » domandai.

« Quattro mesi dopo il matrimonio » rispose.

« E il Tibiletti? »

« Il Tibiletti? Morto. Morto anche lui, impastato contro il muro della villa Fumagalli. Tutto per evitare un ciclista » disse rimettendo in bocca la pipa.

Avrei voluto farlo parlare ancora, chiedergli dell'Adelaide, del Dionisotti, tirargli fuori quella parte della storia di Caterina che era nota solo a lui. Ma dalla sua faccia, chiusa come uno scrigno, capii che non mi sarebbe stato possibile trattenerlo un minuto di più. Si cacciò infatti nella sua macchina e avviò il motore. Mi scostai, lasciai che facesse una breve marcia indietro e quando mi passò davanti lo salutai. Mi fece appena un segno con la testa, poi accelerò così forte che diede di spalle contro lo schienale. La macchina scattò sul lungolago e scomparve come un animale in fuga in fondo alla lunga prospettiva del viale.

Durante la notte pensai lungamente al colloquio che avevo avuto col dottor Trigona e mi richiamai più volte in mente le sue poche frasi, come rimettendo indietro la puntina di un grammofono. Ogni volta mi parevano sempre più irreali e improbabili. Arrivai a convincermi d'essere stato preso in giro, o ingannato per qualche ragione. Non mi aveva fatto credere, tre anni prima, che Caterina era tubercolotica e spacciata dai medici?

L'indomani presi il tram della valle. Volevo andare a parlare con l'Adelaide, o forse soltanto a fare una visita, o meglio un'ispezione, nel piccolo cimitero vicino alla chiesetta di Sant'Anna. Se c'era, l'avrei trovata facilmente la tomba di Caterina e dell'Arturo Tibiletti.

Scesi, come una volta, un paio di fermate prima del paese di Caterina e mi avviai per lo stradale camminando lungo i binari della tramvia.

Non avevo pensato che scendendo in quel punto sarei dovuto passare dalla curva di Rancate, costeggiando la cinta della villa Fumagalli. Me ne resi conto solo quando arrivai all'inizio del lungo muraglione che disegna il semicerchio della curva.

Giunto a metà, dove la grigia muraglia chiude la vista dei campi ergendosi a quasi tre metri d'altezza, scorsi, infossata dentro una specie di finestrella ricavata nello spessore del muro, una piccola lapide di marmo bianco.

"Sono loro" pensai.

Sulla lapide si leggeva:

RICORDO
DI
CATERINA E ARTURO TIBILETTI

In basso era incisa una data, preceduta da una crocetta.

Rilessi due o tre volte la scritta, poi tornai lentamente sui miei passi e arrivai alla fermata dov'ero sceso. Guardai l'orologio e calcolai che la corsa di ritorno sarebbe passata solo dopo una mezz'ora. Continuai allora a camminare fino al chiosco solitario di un'altra fermata, dove mi sedetti, sulla panca infissa nel muro, in attesa del tram sul quale sarei salito per tornare al luogo d'origine, o meglio al punto di partenza, d'ogni bene e d'ogni male che mi era toccato e che poteva ancora toccarmi.

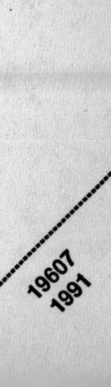

«Una spina nel cuore»
di Piero Chiara
Oscar narrativa
Arnoldo Mondadori Editore

Questo volume è stato stampato
presso Arnoldo Mondadori Editore S.p.A.
Stabilimento Nuova Stampa Mondadori - Cles (TN)
Stampato in Italia Printed in Italy